ビターテイストの
DIY & Interior
DIY & インテリア

吉祥舎 編著

ナツメ社

ビターなシェルフをDIYして
ウインドウにステッカーを貼り
ファブリックもカジュアルなら
「カカオ70%エンローバーチョコ」
——mayukamuさん

窓枠の内側にマットなブラックのフレームをつけ
お気に入りのソファとグリーンを配すれば
「カカオ70%&ミントフレーバー」
—— yupinokoさん

真っ白な空間に流木のベンチを配置して
ブランケットや洋書、キャンドルで
雰囲気満点に仕上げたリビングは
「カカオバターの入ったホワイトチョコ」
—— SWAROさん

自転車が大好きな男の子の部屋を
世界のファッショニスタが集まる街の
ブティックに変身させたらそこは
「Bean to Barによって作られたカカオ90%のチョコ」
——gamiさん

本気でDIYを手がけるうちに増えた
工具や道具をアトリエの壁面に
ディスプレイを兼ねて配したら
「カカオ70%のプロ業務用チョコ」

—— chikoさん

壁面を壁紙でブラックにして
パーケット柄のクッションシートを
敷き詰めれば女の子の部屋も
「カカオ80%のマーブルチョコ」
—— Negoさん

ウッドのシェルフやラックを設置して
ブラックやグリーンでアクセントを
つけた子どもたちの寝室は
「カカオ50%のミルクチョコレート」

── Rumiさん

壁一面ヘリンボーンにして配管やウッドのラックに
ブリキの雑貨やフェイクグリーンを飾れば
「カカオ80%＆ナッツ類ザクザク」
—— Mackeyさん

ブラック×ブラウン×グリーンで
縦横のラインを意識したダイニングは
まるで風が吹き抜ける場所で味わう
「カカオ60%のジャンドゥーヤ」
—— chicaさん

ウッド×グリーン×雑貨で実現した
カリフォルニアスタイルの生活空間は
「カカオ30%だけど人気のミントチョコ」
——shakitroさん

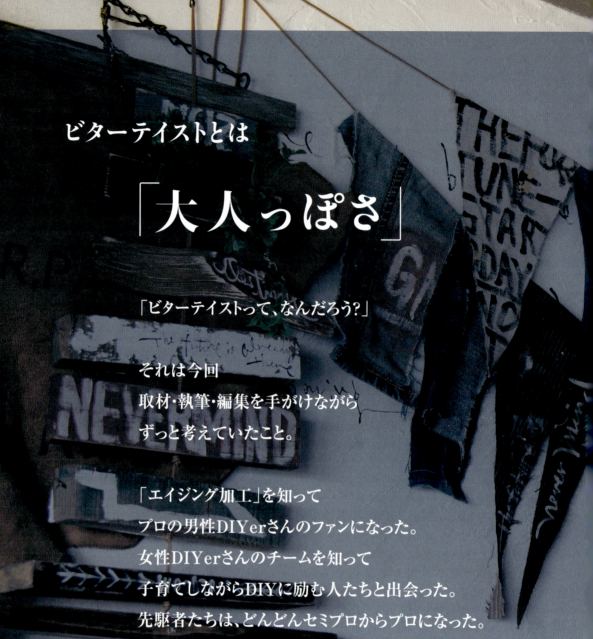

ビターテイストとは

「大人っぽさ」

「ビターテイストって、なんだろう？」

それは今回
取材・執筆・編集を手がけながら
ずっと考えていたこと。

「エイジング加工」を知って
プロの男性DIYerさんのファンになった。
女性DIYerさんのチームを知って
子育てしながらDIYに励む人たちと出会った。
先駆者たちは、どんどんセミプロからプロになった。
そして、彼女たちを追うようにDIYを手がける
多くのクリエイターさんたちとも出会った。
それらの方々の本を作ってきた。

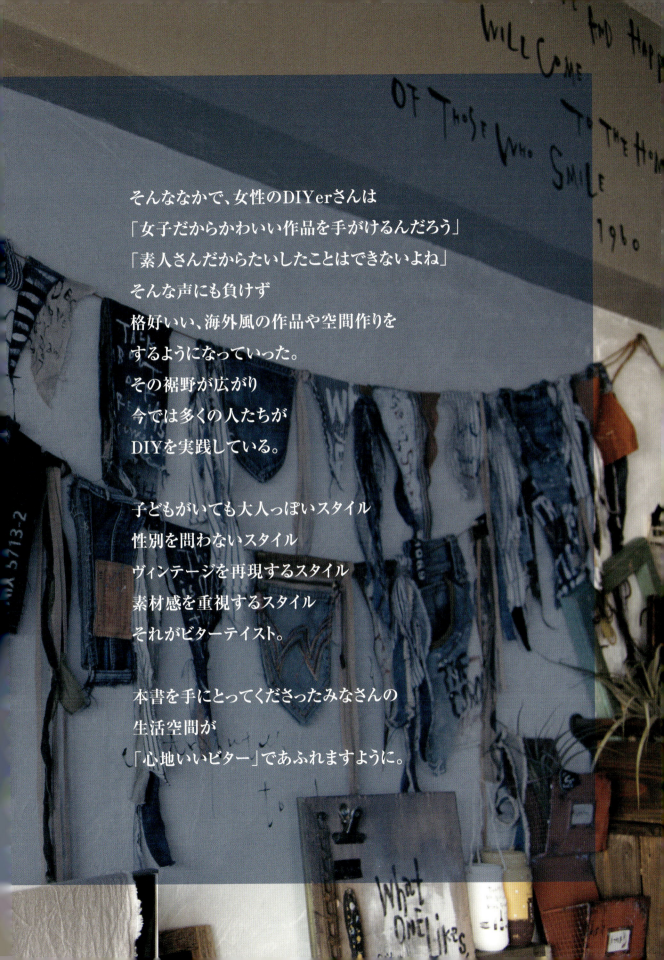

そんななかで、女性のDIYerさんは
「女子だからかわいい作品を手がけるんだろう」
「素人さんだからたいしたことはできないよね」
そんな声にも負けず
格好いい、海外風の作品や空間作りを
するようになっていった。
その裾野が広がり
今では多くの人たちが
DIYを実践している。

子どもがいても大人っぽいスタイル
性別を問わないスタイル
ヴィンテージを再現するスタイル
素材感を重視するスタイル
それがビターテイスト。

本書を手にとってくださったみなさんの
生活空間が
「心地いいビター」であふれますように。

Contents

- 12 ビターテイストとは「大人っぽさ」
- 16 DIYを始める前に

Part 1
17 ビターテイストで格好いい注目の部屋

01 mayukamu's TASTE
- 18 レタリングの魔法とデザインによるビター
- 20 mayukamu's LIVING ROOM
- 22 mayukamu's BATHROOM

02 yupinoko's TASTE
- 24 無国籍風のホテルで暮らすような日常
- 26 yupinoko's LIVING ROOM
- 28 yupinoko's DINING ROOM
- 30 yupinoko's KITCHEN
- 32 yupinoko's ATELIER
- 34 yupinoko's BEDROOM

03 SWARO's TASTE
- 36 陶器やチョークのピュアホワイトルーム
- 38 SWARO's LIVING ROOM
- 40 SWARO's KITCHEN

04 gami's TASTE
- 42 空間をストリートに変えるグラフィティ・アート
- 44 gami's BOYS' ROOM
- 46 gami's BATHROOM
- 47 gami's BALCONY

05 chiko's TASTE
- 48 使いやすさも極めたビターなディスプレイ
- 50 chiko's ATELIER
- 52 chiko's LIVING ROOM
- 54 chiko's DINING KITCHEN
- 55 chiko's DECK

06 Nego's TASTE
- 56 「魅せる」収納でジャンクやダークを演出
- 58 Nego's GIRL'S ROOM
- 59 Nego's ENTRANCE

07 Rumi's TASTE
- 60 ピュアにひそむ魅惑のビターテイスト
- 62 Rumi's BOYS' BEDROOM
- 64 Rumi's LIVING ROOM
- 66 Rumi's BALCONY
- 67 Rumi's ENTRANCE

08 Mackey's TASTE
- 68 アメリカンカジュアルのポップな空間
- 70 Mackey's LIVING ROOM
- 71 Mackey's DINING KITCHEN
- 72 Mackey's BOY'S ROOM

73	*Column 1* **FAKE GREENの世界**

09 chica's TASTE
74 カラーをおさえ
ステンシルでアクセント

76 chica's DINING ROOM

77 chica's STAIRS

10 shakitro's TASTE
78 西海岸の風が吹き抜ける
カリフォルニアスタイル

80 shakitro's LIVING-DINING ROOM

82 shakitro's KITCHEN

Part 2
83 空間イメチェンの HOW TO MAKEOVER

mayukamu's TASTE
84 DRAW A LINEで
コーナーを作る

mayukamu's TASTE
86 DRAW A LINEで
小物置きを作る

SWARO's TASTE
88 流木でティピー風ライトを作る

SWARO's TASTE
90 流木と杉足場板でベンチを作る

yupinoko's TASTE
92 古材風のフロアボードを敷く

Nego's TASTE
94 Weekend Workshopで
テーブルを作る

Rumi's TASTE
96 サブウェイタイルをキッチンの壁面に貼る

Rumi's TASTE
97 キャベツボックス風でビターな木箱を作る

Mackey's TASTE
98 壁面にシェルフを設置する

chica's TASTE
99 サブウェイタイルを3色用いて壁面に貼る

100 *Column 2* **PAINTの世界**

Part 3
101 ビターテイストを作る 色や素材

yupinoko's TASTE
102 GRAY
at Utility Room

chiko's TASTE
104 BLACKBOARD & WOOD
at Corridor & Washroom

gami & Nego's TASTE
106 DENIM & LEATHER
at Living-Dining Room

Nego's TASTE
108 BLACK
at Kitchen

Part 4
109 ペイントやアイテムで
センスUP

shakitro, SWARO, yupinoko &
mayukamu's TASTE
110 インダストリアル・アイテム
at Entrance, Kitchen & Living Room

shakitro, Rumi & chica's TASTE
111 サブウェイタイル
at Utility Room

Rumi's TASTE
112 サブウェイタイル柄の壁紙
at Dining Room

Rumi's TASTE
113 サブウェイタイル柄の壁紙
at Study Room

Rumi's TASTE
114 サブウェイタイル柄の壁紙
at Utility Room

gami's TASTE
115 ペイント
at Corridor

Rumi, gami & mayukamu's TASTE
116 グリーン&ドライフラワー
at Entrance & Living Room

Part 5
117 ビターテイストの
部屋作りPOINT

Part 6
121 はじめてのDIYでも作れる
ビターなウォールラック

126 DIY作品&インテリア作りQ&A

DIYを始める前に
01 作業はできるだけ、グローブをはめておこないましょう。
02 工具使用の際には、取扱説明書の注意事項を守ってください。
03 作業内容によっては、換気にも気を配りましょう。
04 電動工具使用の際には、近隣への騒音にも留意してください。
05 材料は、メーカーや小売店の都合により、品切れや販売終了になることがあります。入手できない場合には、ホームセンターやDIY専門店などで相談してみましょう。
06 「原状回復をめぐるトラブルとガイドライン」については、国土交通省のサイトをご確認ください。貼ってはがせるアイテムに関しては、目立たない箇所で試してから使いましょう。

ビターテイストで格好いい注目の部屋

格好よさに定評のある
人気のDIYerさんたちの部屋を紹介します。

Part 1

01

レタリングの魔法と
デザインによるビター

mayukamu's TASTE

デザインの素養を、レイアウトに生かしている mayukamuさん。特に、レタリングやステッカーなど、空間に対するアルファベットの配置が絶妙で、ビターテイストなアクセントが効いています。

　アパートのDIYから始めたmayukamuさん。2部屋の和室は、畳の上に板を敷き詰めてフローリングに。壁面や古い磨りガラス風のドアには、両面テープを用いることで板壁を制作。ローテーブルやスパイスラックなどもウッドで作っていきました。そして、DIY以外の趣味は登山などのアウトドア。ご主人の圭さんとも、山で知り合ったそうです。圭さんはさまざまなサンプルを作る仕事をしていて、出会って以降のDIYでは、mayukamuさんがデザインし、それを圭さんとともに実現しています。
　現在のご自宅は築浅で、間取りや建材・建具などにこだわって建てられた、個性的な戸建てです。リビングの小さな窓からご両親の畑が見えたり、玄関がとても広かったり。でも、「納得がいかず、あらゆる箇所に手を入れ続けています」とmayukamuさんは言います。全体の間取りはコの字型になっていて、浴室はリビングの向かい側にあり、中庭にはウッドデッキを敷いています。mayukamuさんがステッカーを制作・販売し始めたのは、「間延びする空間に文字がほしかったのですが、当時はナチュラル系や北欧風のものしかなくて」とのこと。写真のディスプレイをメインとしたリビングのシェルフも、ステッカーやレタリング、手描き文字を随所に活用しています。ステッカーのデザインも、「クールな英字デザイン」「個性的」「USED感のあるフォントデザイン」「マットな素材」などにこだわりが。壁面などの空間に英字が添えられることで、ぐっとビターテイストが高まります。

L

mayukamu's
LIVING ROOM

ステッカーを貼ってアイアンと古材の シェルフを置いたリビングは 「男前＆インダストリアル」

DRAW A LINEの アイアンの小物置き
p.86でも詳しく紹介する、DRAW A LINE（ドローアライン）のTension Rod CやTray。これで、天井と床に突っ張り棒を立ててトレイを設置できる。

ポスターや雑誌で カジュアルにデコ
テレビを設置した壁面にも、ポスターやマガジンラック、フェイクグリーンなどを飾っています。この「Bitter＆Coolウォールステッカー」も販売中。

BITTER Point

英字のステッカー
ステッカーを貼れば、家にあまりダメージを与えずに、ウォールデコを楽しめます。

フレームやフェザー、 フェイクグリーンの レイアウトに注目
コーヒーやネイティブアメリカンをモチーフにしたフレーム、視力表、ミラー、フェイクグリーン、ドライフラワーなどを飾った壁面。集中的に配置して部屋のポイントに。

中庭に面した大きなウインドウや壁面、テーブルなどをDIY

　リビングは特に、海外風の明るい部屋をイメージし、窓も特注で大きくしたというmayukamuさん。また、格好よさも追求したそうです。"男前＆インダストリアル"なウォールステッカーの通販サイト『LiTTLE OWNER』を運営していて、窓のステッカーは「サインペイント風海外インテリアウォールステッカー」として、サイトで販売しているものです。開放的ですが、防犯を考慮し、ウッドデッキや中庭にはグリーンを多く配置。奥のシェルフは、ディスプレイメインで制作。壁面に黒板塗料をペイントし、アイアンラックを組み、アンティーク塗装を加えた古材を渡しています。そこにチョークアートを施し、カメラやフレーム、雑貨を配置。下2段は子ども用のおもちゃスペースのため、お子さんのお絵描きスペースになることも。p.18〜19の写真のように、黒板にカメラの名前と形をチョークで描いていたり、ヴィンテージのキャッシュボックスを救急箱にしているのが、とてもユニーク。また、マリンランプ、ヘリンボーンの鍋敷き、ベルトのバックルなども配したら、カジュアル感が高まりました。
　アイアンとウッドのシェルフの脇には、小さなパキラを置き、中庭のグリーンとのつながりを生み出しています。

B
mayukamu's
BATHROOM

ステッカー、フレーム、洋書を配した水まわりは カジュアル＆ホテル風のミックス

マットやチェアの色合いにも注目
ネイティブアメリカン風のマットを敷き、お子さんが水道を使用するときに立つキッズチェアを置いている。ビターでも実はカラフル。

トイレには壁紙やステッカーを貼り、正面にワイヤーネットも設置

水まわりは、特に差がつくスペース。ここにビターテイストを取り入れると、生活空間全体のセンスがアップされたような印象になります。トイレの壁面は、1面のみでも壁紙などで色をチェンジすると、一気にビターに。

mayukamuさんのトイレは、一部にブルーの壁紙や『LiTTLE OWNER』オリジナルの「Unionウォールステッカー」などを貼り、フレームも飾っています。正面にはワイヤーネットを張り、フェイクグリーンのねじねじ枝ロング、洋書、motelなどのウッドのロゴ、ランプ、ネイティブアメリカン風のフェザーのモビールなどをディスプレイ。旅先などへと想像がふくらんでいくようです。ふたにオリジナルの「トイレ用ウォールステッカー」も貼っています。

洗面台には、小物の名前を記したオリジナルの「ホテルライク英字サインウォールステッカー」を貼り、コップ、ティッシュ、水、タオル、アルコール、ハンドソープ、清掃ブラシ、歯ブラシの位置を示しています。

mayukamuさんは、水まわり全体を、旅を連想させたり、ホテルのように感じさせたりするような雰囲気に仕上げることに成功しています。

ホテル風になるステッカー

壁紙が格好いい。ライトはシェードを外して男前に。手前には羽のモビールを飾り、空間の間延びを避けている。

サブウェイタイルの上に、英字サインとドアプレート風のステッカーを貼ってアクセントに。

引き戸を開けた瞬間にビター

BITTER *Point*

小スペースの壁面使い
重要なのはバランス。近づいたり離れたりして、写真も撮り、また日を経て整えていきましょう。カラーは2〜3色くらいに絞ります。

無国籍風のホテルで
暮らすような日常

yupinoko's TASTE

ここではないどこかにあるホテルを思わせる、yupinokoさんのDIY&インテリア。「ポイントは国内の家屋にありがちな、『素材感』の弱い、白い内装・建具・構造に変化を加えること」。yupinokoさんは、そう語ります。

　yupinokoさんのご自宅である戸建てには新築当時、ヨーロピアンを意識して、猫足の家具が置かれていました。でも、1年が経過した頃、好みが変わり、インテリアにも変化を求めるようになったそうです。そして、100円ショップで販売されているような雑貨のリメイクに始まり、DIY作業の練習を重ねて作品やセルフリノベーションの様子をブログやSNSで発信するようになりました。そのうち、ファンが急増し、2017年には初の著書を刊行。現在では、毎週のようにワークショップや出張で、全国を飛びまわっています。「形式にとらわれない」という言葉を好むyupinokoさん。「こうあるべき」「こう使わなきゃいけない」と縛られることなく、居住空間以外の要素を上手に、DIY作品やインテリアにも取り入れています。「特に、ラスティック、使いこなした感じが好き」と言います。だから、壁面や床面、窓枠などに気を配っているのです。

　また、次のようにも語ってくれました。「ライフスタイルによっても、最適なインテリアは異なりますね。私はDIYを始めて4年半になりますが、やり直しを重ねて今ようやく家の中が落ち着いたような感じ。気に入った家具、サイズの合う家具がなければ自分で作る。さらに、飽きっぽいからこそ、好奇心は人一倍です。新商品は試したくなりますし、作品の撮影などのために家がスタジオとして使われることにより、新たな発想も求められます。そんな日々の生活が、とても楽しいんです」。

yupinoko's LIVING ROOM

リビングのポイントは
窓枠やローテーブルのDIYと
ソファ、照明、グリーンなどの選択

掃き出し窓の枠などを制作し、ソファや照明はこだわって選択

「国内の住宅にありがちな造りになっている、大きな面積の箇所、目立つ箇所をチェックしていくのがポイント」とyupinokoさんが強調するリビング。まず、掃き出し窓（下枠が床面と同じ高さになっていて出入りもできる大きな窓）を隠すように、杉の角材を窓枠にしてやすりがけを施し、ブラックに塗装したものを部屋側から取りつけてスマートに見せました。「レールもホームセンターで手軽に入手でき、プラスチック用のこぎりで切断できます」。また、部屋の印象のポイントとなる壁面と床面は、リビングの場合、ホワイトをそのまま生かすことで広く見せています。

DIYなどに手軽な素材を取り入れながらも、いちばん大きな家具であるソファは、ACME Furniture、a.depeche、BIMAKESなど、クオリティの高いものをチョイスしました。照明やグリーンの選択もインテリアには重要な要素。グリーンの高さや色味を家具や周辺のディスプレイなどとのバランスで選択したり、照明やグリーンを空間の雰囲気に合わせて選んだりすれば、テイストやスタイルを強調することが可能です。リビングに設置された長い照明はリプロダクト（復刻生産）品で、アイアンのバーを操作すれば左右に動かすことができます。

テーブルなどを
DIYしたら
照明、ソファと
バランスよく配置

ボウウインドウ（弓形に張り出させた装飾的な出窓）のデザインは、そのまま生かしている。頑丈な水槽台もDIY作品。

BITTER *Point*

ブラックの窓枠に注目

掃き出し窓のサッシを隠してNY風に。

**ファームハウスで用いられた
ダイニングテーブル風にDIY**

工事現場の作業床として用いられるラフな杉足場板の古材タイプを使用し、脚に長ネジを通して、袋ナットで固定している。

**壁面の時計や
背の高い棚がアクセント**

正面の大きな時計がヴィンテージ調で大きく、ビター。手前に、背の高いディスプレイ棚も設けた。

テーブル兼カウンターは
屋外風にするため
壁紙で大胆にイメチェン

カウンターとしても使用できるよう、テーブルは幅の狭いロングの作りにし、チェアの脚などには華奢なものを選んだ（p.29の写真参照）。コンクリートの壁紙で、ぐっとビターに。

上げ下げの出窓はそのまま生かし、両脇にアイアンを装飾的に施したウッドパネルを配置。向かって右側にはボトルのハイドロカルチャーをハンギング。

アイアンを装飾的に施した
ウッドパネルを設置して
グリーンもハンギング

D
yupinoko's
DINING ROOM

海外のインテリアを参考にしつつ国内の住宅に合わせてサイズやアイテムを選択したダイニング

必要な機能を満たしつつ、好みのデザインを実現できるのがDIY

　yupinokoさんの人気は高く、ファンも多数。「DIYやインテリアに関する悩みを相談されたら、室内は基本的には人に見せるものではないので、まずは1つのコーナーを徹底的に自分好みにしてみるところから始めることをおすすめしています」と言います。

　もとは和室にある座卓で食事を取っていたというyupinokoさん。「でも、食事やお茶をしながら、一息つくようなスペースがほしかった。だから、リビングの端、キッチンの手前に、ダイニングスペースを設けました」。テーブル兼カウンターは、使い勝手や見た目のバランスを考慮して、幅の狭いロングのものをDIY。コンクリート風の壁紙で、屋外風に大胆なイメージチェンジを施しました。上げ下げの出窓はそのまま生かし、アイアンを装飾的に施したウッドパネルを設置して、グリーンをハンギング。いずれも、見た目は重要視しつつも、収納力や利便性も大切にしながら制作されたものばかりです。

　空間の印象を変えたいなら、順番としては、大きな壁面に手を加えてから、必要なものをDIYしていくと真似しやすいでしょう。

BITTER *Point*

壁面、時計、照明で屋外風に

コンクリート風のラスティックな壁紙と、時計や照明でビターに。

yupinoko's KITCHEN

もとの状態や常識にとらわれず
使い勝手とデザイン性とを追求した
究極のビターテイスト・キッチン

ウォールラック、シンク扉、カウンターシェルフをDIY

　キッチンも、ビターテイストでスタイリッシュ。深めのブラウンをベースに、ブラックやシルバーを取り入れることで、アクセントを加えています。「私は自分で、料理を得意だと思っていません。だからこそ、機能性や居心地のよさが大切なんです」と話すyupinokoさん。「まずブラウンのモダンなシンク扉をつけかえ、ブラックやシルバーでアクセントを加えました。また、ありがちな吊り戸棚は、圧迫感があるうえ、中にものを詰めこみがち。そこで、この吊り戸棚を外し、ダイニングのコーナーから見える、キッチンボードを兼ねたカウンターシェルフを設置しました。いらないものは取り外す。これも基本です」。結果、料理や洗い物、配膳がしやすくなり、キッチンの機能性も高まったそうです。

　「シンクが暗かったので、照明もつけました。そして、食器をカウンターシェルフに収納できたので、反対側の壁面にはディスプレイメインのウォールラックを、ガス管で設置しました」。柄が美しい、フィンランドの雑貨店から購入したモロッカンセラミックをアクセントに。冷蔵庫は黒板塗料でペイントし、その裏のダマスク風だった壁紙の上にはレンガ風の壁紙を貼り、格好よく仕上げています。

> 壁面にはガス管を用いて制作した
> ウォールラックを設置

まるで美術館のような、キッチンの壁面。ガス管で制作したラックには、yupinokoさんお気に入りの調理器具・食器・雑貨などが並べられている。

ツルッとした木目のシンク扉は足場板の古材タイプにつけかえ コンロ近くには長ネジのラックもDIY

左／シンク扉は、取っ手兼タオルかけとなる黒いカーテンポールのアイアンバーや、シルバーカラーのメタルプレートなどでアクセントをつけた扉につけかえ。右／長ネジのアジャスターを使えば、限られた空間にシンプルで強度の高いラックを設置可能。板に穴をあけ、長ネジを通してナットでとめるだけ。

BITTER Point

カラーは3色程度に制限

深めのブラウン、ブラック、シルバーを中心に構成し、スタイリッシュに仕上げています。

キッチンボード兼カウンターシェルフもDIY。カウンター窓のサイズに1×8材の枠をはめこんで設置した。

yupinoko's ATELIER

スタジオとしても活用されるアトリエは機能的でNYのロフト風

> ジャストサイズでアイアン風ブラックのウッドの格子窓

ジャストサイズではめこんだ窓枠。NYのロフトをイメージし、横幅を6で割って、格子は正方形に近づけた。アイアン風に見せるため、ブラックにペイント。

周辺の小物やグリーンにもちょっと気を配って「魅せる収納」に
細かい箇所を塗るのに活躍する筆。アンティークの薬瓶風のボトルに差し、奥にハイドロカルチャーを、手前に小さなサボテンをディスプレイ。

> ラブリコと有孔ペグボードでツール収納シェルフを設置

増え続ける工具。LABRICO（ラブリコ）を2×4材の上下に設置して柱を2本立て、その手前に有孔ペグボードを打ちつけた。上は魅せる収納、下はしまう収納に。

ソーホースブラケットを脚にした作業台や、道具用ワゴンをDIY
ソーホースブラケットは、好みの長さの2×4材を差しこみ、ビスで固定するだけで使える。ウッドとアイアン、キャスターで道具用ワゴンもDIY。

1.ソーホースブラケット

NYのロフト風窓、ツール収納シェルフ、作業台をDIY

　yupinokoさんは、取材を受けるだけでなく、作品を新たに制作したり、ショップなどの施工をしたり、ワークショップを開いてDIYの方法について伝えたりと、幅広い活動をしています。そのためアトリエは、制作はもちろん、撮影スタジオとして使われることもあるのです。その空間には、ほぼ全面DIYが施されています。

　まずは、NYのロフトをイメージして、アイアン風の窓をDIY。「このアトリエは4畳半ですが、作業スペースを最大限まで確保したかったので、壁面やDIYの作業台下に工具や道具が収納できるよう、工夫しています」。部屋の奥にはツール収納シェルフを制作し、工具・塗料などをおさめました。作業台自体もソーホース（馬脚）ブラケットを用いたDIY作品ですが、その下におさまるサイズでワゴンも作っています。

　エプロンかけのブラックの部分もアイアン風ですが、ウッドをブラックに塗装しているだけ。「壁紙は国内で購入するのが安心ですが、人と異なるものを好む私はネットで海外から直輸入もします」とyupinokoさん。ウッドやクッションにステンシルも施し、ビターテイストのアトリエが完成しました。

BITTER *Point*

NYテイストを生み出す窓枠

ありがちなサッシのままにせず、内側にウッドの窓枠を設置すれば、雰囲気が一新。yupinokoさんのアトリエでは、一気に海外（NY）風になりました。壁面や台の下を活用し、奥行きを出さずに、一面や特定の場所にものをまとめると、広く見えます。

B
yupinoko's BEDROOM

北アフリカの
テイストを取り入れた
無国籍ホテル風の寝室

愛するアフリカ雑貨を中心に
ディスプレイしたシェルフ

ウォールシェルフはIKEAのもの。アフリカなど海外で購入したアンティークや雑貨をギャラリー風にディスプレイしている。ベージュ、オフホワイト、アイボリー、クリームといった淡めの色合いに絞りこみ、黒を差し色にしている。

BITTER Point
ギャラリー風のディスプレイ

まず塗装がはがれた感じやコンクリートや石造り風の壁紙を貼り、次に家具をDIY。そして、アフリカやアジアのアンティーク雑貨をギャラリー風に飾りました。ディスプレイのポイントは、「シンプルに見せること」。置きすぎには注意が必要です。

ギャラリー風に、アフリカやアジアの雑貨をディスプレイ

　ベッドルームも、海外のホテルのインテリアなどを参考にしているというyupinokoさん。現在は、リゾート地のホテルをイメージして仕上げています。

　テーブルもソファベンチもマクラメのパーテーションもDIYで、ジュートのバスケットも手作りです。DIYの素材には、流木や足場板の古材タイプを活用。yupinokoさんは、「流木は、それ自体が2つとない立派なアートでありオブジェ。風合いがたまりません」と言います。

　でも、「DIYをチープに見せたくないし、できるだけ古木を使用したり、古木風の質感になるようにグレイッシュに仕上げたりしても古民家に住んでいるわけではないので、何かでバランスを取らなければなりません。そこで、海外で購入した雑貨やアンティークをギャラリー風に壁面にディスプレイしたり、フレッシュな印象の寝室として仕上がるように小物を選んだりしています」とも説明してくれました。

　「プライベート空間なので、徹底的に自分好みに仕上げました。だから、目覚めから気分爽快」と、yupinokoさんお気に入りのベッドルームです。

1. 流木
2. ソファベンチ

ボヘミアンな
ソファベンチ上方に
流木をディスプレイ

ボヘミアンテイストのソファベンチはホワイト・ウッド（SPF材）を使用。飾り切りされたスピンドル脚とホワイトのワトコオイルによるグレイッシュな仕上げがポイント。

流木脚のローテーブルと
バンブーのライトをDIY
ファブリックは天然素材

ペンダント風ブラケットライトは、バンブーの傘と、1,000円程度の照明器具用パーツを組み合わせただけ。ローテーブルの脚も流木。

1. ランプ
2. ファブリック
3. ローテーブル

陶器やチョークの
ピュアホワイトルーム

03

SWARO's TASTE

ホワイトが印象的な、SWAROさんの家。その白を彼女は、「陶器のような白、チョークをくだいたような白」と表現します。リゾート感たっぷりの美しく安らげる空間で、SWAROさんはDIY作品も制作。それらはサイトで販売もしています。

　SWAROさんはデザインソフトの操作を身につけており、のちにネイルの資格も取得。10年間、ネイリストとして活躍し、海外の雑誌にも登場しました。また、2000年頃からインテリアへの関心が高まり、専門サイトなどを見ているうち、DIYに専念していきます。「作品を販売してネットショッピングの対応などで忙しくなるなか、ネイルのハンドモデルとして知り合った主人と結婚することになったんです。私のDIYに関しても、好きにやっていいと言ってくれる、優しくて安らげる人です」とSWAROさん。一緒に暮らし始め、アパートを格好よくDIYしていきました。そして、結婚を機に、ご実家の2階に2人で住むことになります。
　SWAROさんは、「前のアパートではガラスや高い位置のディスプレイが多かったのですが、里親さんから預かった猫のリムちゃんを引き取り、それを機にガラスや高所へのディスプレイをやめました。また、好きな旅行にも行きづらくなったので、家を明るめのリゾート風にすることに。改装費をおさえ、内装は自力で仕上げました」と経緯を説明。貼ってはがせる壁紙も用い、気分で変更できるようにもしているそうです。写真のリビングでは、ベースはホワイトでも、素材感をミックスすることでビターに。また寝室は、「現実離れ」を意識。天蓋風のファブリックには、輸入雑貨店のカーテンを活用しています。愛する白をベースにリゾート感を演出し、「自分の空想やイメージ、世界観を表現しているんです」とSWAROさんは語ってくれました。

L
SWARO's LIVING ROOM

古材、流木、自然素材に アイアンなどを加えた 異素材ミックスのリビング

古材とガス管で
デスクとチェアをDIY
チェアは銅のカラーに

BITTER Point

異素材のミックス
味わいが増す流木やコットンロープなどの自然素材は、ビターテイストによく合います。

古材を使用し、デスクとチェアをDIY。チェアの脚はガス管を活用し、コッパーカラーに仕上げている。時計やデスクライト、下の照明は無骨なブラック。

多肉植物はバスケットでカバー
トロリーテーブルもアクセント
左/グリーンやフェイクグリーンなどを飾る場合、鉢カバーのテイストにもこだわりたい。フェイクグリーンか水やりが少なくて済むサボテンなどを選び、水がきれた状態で小さな鉢ごとカバーにイン。右/アイアンの車輪を活用。荷物を運ぶための滑車をモチーフにした、トロリーテーブル。車輪が大きいと、愛らしさが増し、ビター度も高まる。

流木使いでは、選択から使用法、撮影の角度まで試行錯誤

「リビングのビターなポイントは、素材のミックス。古材、流木やコットンといった自然素材などを使いつつ、ブラックのアイアンを用いると、そのギャップがアクセントとして生きてきます。色を少なくして統一をはかることも大切です」とSWAROさん。また、流木も愛し、家中で活用されていますが、「形がいびつな流木をどう見せるかには、いつも試行錯誤しています。どれを拾うか、どの向きで使うか、どのように撮影するのか。そこにもこだわりますね」と言います。

リビングもピュアホワイトをベースに、照明、ローテーブルに用いられたアイアンの車輪、洋書、ブランケットなどのファブリックでブラックを添えました。そこに、流木やストローハット、バスケットなどのベージュをプラス。ブラックとベージュをつなぐようにクッションなどのアイボリーやオフホワイトが加えられています。p.39右奥の流木のベンチは、p.90〜91で作り方もご紹介。部屋の中央にあるローテーブルはウッドで天板と枠を組み、両側面にアイアンのキャスターを設置したもので、広いほうの面にアイアンの車輪を取りつけました。無骨で大きめの車輪を選ぶと、ビター度が高まります。

K

SWARO's
KITCHEN

ガス管と杉足場板の ウォールシェルフと サブウェイタイルが印象的

モノトーンの モロッカン食器も

各国の民芸の食器を配した「下段のコーナーがいちばん好き」とSWAROさん。カトラリーは植木鉢に差すと、雰囲気がよく、水分も吸う。

AFTER

使い勝手を重視しつつ、美しく整えたキッチン

　ガス管と杉足場板を活用したウォールシェルフが印象的なキッチン。ガス管にはフランジつきのニップルを用い、壁面に打ちつけました。ガス管に渡している足場板は10倍の水で薄めた塗料で下塗りし、乾かしてからマットなウレタンニスでコーティングしているので水分をはじいてくれます。ディスプレイにもポイントがあり、中央の段をディスプレイのメインにして使用頻度の最も低いものを、下段には使用頻度の高い食器を、上段には使用頻度のやや低いバスケットなどを配置。同じ種類・同じ素材のもの、高さ違いのものなどを2～3個ずつ飾ってまとまりを出しています。背の高いものを奥に低いものを手前にすれば、奥行きも演出可能です。ただし、「似すぎた色を隣り合わせにしないこと」とSWAROさん。また、上に軽いものを下に重いものを置くと、バランスがよくなり、安全性も高まります。

　照明もポイントで、これは撮影スタジオで使われるスポットライト。コンロの向かいにはベント：サブウェイタイル【ホワイト】黒目地を貼っています。「真っ白な背景はさみしかったのですが、黒でしまり、シルバーのフライパンや調味料入れとも相性抜群」。冷蔵庫には、木材を貼ったり立てかけたりしました。

BEFORE

ダイニングキッチンに
面したエントランス
ドアに樹皮柄の壁紙を貼り、右には流木
にフックをつけただけの鍵などをかけるプ
レートを設置した。

「流木objet」に
電球を巻いたライト
ライトは『S.W.R-vintage
alphabet-』オリジナルの「流
木objet」に電球のコードを巻
きつけた。もちろん、ダイニン
グテーブルやシェルフなども、
SWAROさんのDIY作品。

BITTER *Point*

ディスプレイのコツ

ディスプレイ（左）と収納（右）、それぞれ
を優先する場所を分けて。

gami's TASTE

　自由な筆使いで室内にイラストや文字を描き、大胆な色使いも人気がある、gamiさんのDIY&インテリア。「ポイントは、ワクワクするようなモチーフが浮かんだら、お気に入りの水性塗料で一気に描きあげること」。gamiさんは、そう語ります。

　gamiさんは、1996年の結婚と同時にマンションを購入。20年以上が経過した現在では、DIYを施していない箇所はなく、住まい全体が作品となっています。
　ステンシル人気を経て、手描き文字も近年急速に注目されるようになり、DIYやインテリアに取り入れる人も増加。ただし、gamiさんが「らくがき」と称する手描きのイラストや文字は、幼少期からお絵描きを愛したgamiさんならでは。そのような作品をさらさらと一気に描きあげる様子は、驚くべきものです。
　そんなgamiさんがDIYを始めるきっかけになったのは、SNSを通じ、多くの人から刺激を受けたこと。70歳を過ぎた親戚の方がクラフトを手がけていたことも、新たな出会いを呼びました。
　また、大胆だけど過剰にならない、絶妙な色や素材使いも、gamiさんの特徴。ワクワクやドキドキがあふれかえるような空間も、色のトーンや素材のテイストの統一性で、格好よくまとまります。
　次男のはるくんが大好きな自転車を壁に大きく描きつつ、自転車グッズもディスプレイしたのが、元和室で最新作の、この子ども部屋。長男のしゅんくんとはるくん兄弟の服もアパレルショップ風に収納したことで、ファッショニスタが集まる街のざわめきが聞こえるよう。ナチュラルやモノトーンに飽きたら、グラフィティ風やストリート感にも、ぜひ挑戦してみてください。

空間をストリートに変える
グラフィティ・アート

B
gami's
BOYS' ROOM

子ども部屋のポイントは壁面の自転車イラストやグッズ収納とアパレル店風オープンシェルフ

アンカーボルトをかませたオープンシェルフ

ウッドを固定するナットを通すため、アンカーボルトという金具をかませている。

ペイントと家具のDIYで実現させたアパレルショップ風の子ども部屋

　お兄ちゃんのしゅんくんは高校2年生、弟のはるくんは中学3年生。洋服のサイズも一緒の、仲よし兄弟です。gamiさんは、「まず、はるの好きな自転車を描こうと決めました。しゅんの許可を得て、はるにはサプライズ。この自転車のタイヤなどには、ロゴも描きこんでいます」と説明。はるくんお気に入りのMTB（マウンテンバイク）が壁一面に現れ、あたかも室内に本物の自転車をディスプレイしたかのようです。

　服をたたんで重ねたオープンシェルフは、コンクリートの壁面に穴をあけ、アンカーボルトという金具をかませています。コンクリートへの穴あけは、振動ドリルやハンマードリルを使用しなければならず、中級者以上向けの方法。でも、LABRICO（ラブリコ）を2×4材の上下に設置して柱を2本立て、そこに棚板を設置すれば、初心者でも真似できます。ハンガーラックには、ソーホースブラケットという、ソーホース（馬脚）を作るための専用の金具を活用。2×4材をブラケットに差しこみ、ビスで固定するだけで使えるパーツです。服が見やすく整理され、探しやすくもなりました。

BITTER Point

ダークレッドにモノトーンの自転車

壁面はダークレッドにペイントし、モノトーンで自転車を描きました。

有孔ボードには自転車グッズをディスプレイ

柱を2本立て、そこに有孔ボードや板を打ちつけた。自転車用ヘルメット、空気入れ、洗車ブラシなども設置。キャップやハットもかけ、アウトドア店風に。

押し入れの扉をブラックに塗装し描いたメッセージ

押し入れの扉もペイント。上から描いた言葉選びのセンスも、gamiさんの持ち味。

ペイントでふすまも鉄扉風にリメイク

板にスポンジでできたアルファベットを貼ってブラックに塗り、グリーンとブラウンをのせてサビ風の加工を施した。

1. 収納扉
2. 流木、フェイクグリーン
3. ボックス
4. SPF材

gami's
BATHROOM

モノトーンとブルーのバランスが絶妙
無国籍でモダンな「BAR」風トイレ

BITTER Point

漆喰とブルーの壁面

両サイドの壁面にかための漆喰を塗り、VIVID VANの塗料・グラフィティーペイントTurquoise Bluesで正面をペイント。

フレームとアルファベットが満載

「トイレはBARのようにしたかった」と語るgamiさん。「ブルーにペイントしたのは、ゆっくりと落ち着ける空間にしたかったから」。収納扉にはフックを、その下にはボックスを設置。フレームや流木、フェイクグリーン、マクラメに入れたガラスの浮き玉も飾りました。側面にはSPF材を1本取りつけ、彫刻刀で文字を彫って、蜜蝋ワックスを塗りこんでポイントに。手を洗った際に床を濡らさないよう、蛇口の近くにアイアンバーも設置し、タオルハンガーとして使っています。壁面には、作家さんの作品をバランスよくディスプレイしました。

幾何学模様がモダンなクッションフロア

シンコールの「ミタモザイク」のクッションフロアを敷き詰めている。

BITTER *Point*

DIYシェルフが中心

シェルフのレッドが手前のグリーンやブルーの雑貨を引き立て、全体は風雨にさらされてシャビー感が高まります。

B gami's
BALCONY

リメ缶やポットに多肉植物を植えこみ いっぱいに並べた真っ赤なシェルフ

リメ缶やポットに植えた多肉植物

街が見渡せるマンションのベランダは、クラッスラ、サボテン、セダムなどの人気があったり個性が強かったりする多肉植物を、リメ缶（リメイクした缶）やペイントしたポットなどに植えこんでたくさん並べている、愛らしいコーナー。それらの間にアルファベットのウッドオブジェ、ミニチュアチェア、アンティークレンガなども並べています。アンティークレンガは雑貨店で自立するものを選び、たっぷりの水性塗料でベースの色をつけた後、文字やポイントを加えました。右の写真では、リメ缶を並べ、ウッドのアルファベットやガーデンピックを添えています。

リメ缶、アルファベット、ガーデンピックを配置

空き缶にペイントを施したりステッカーを貼ったりする、リメ缶作りも人気。

柄を生かしつつペイントした床面

床面の柄をカジュアルに生かしつつペイント。文字などを重ねて。

使いやすさも極めた ビターなディスプレイ

05

chiko's TASTE

表面的な格好よさだけでなく、使いやすさ、実利を追求した先駆的なDIYクリエイターのchikoさんだからこそたどり着く、ビターテイスト。塗料からハードな溶接の道具まで、何でもそろうアトリエは、壁面シェルフなどで仕分けられています。

　DIYクリエイターとして活躍するchikoさん。彼女は、仕事として多くの仲間が活躍できることを、ずっと願っている人です。企業の仕事を中心に全国を飛びまわり、TV番組などにも出演しています。たとえば、100円ショップやホームセンターで手軽に入手できる材料でDIY初心者向けの「レシピ」を発信したり、都市再生機構（UR都市機構）のDIYを活用した空き家流通促進事業に関する講座を手がけるなど、活動内容は社会・地域貢献の色合いが強くなってきました。

　女性DIYの先駆者であるchikoさんの家は、床などを除き、ほとんどの箇所にDIYの手が施されています。テーマは、「音楽の流れるCAFEのような、居心地のいい空間」。chikoさんはもちろん、ご家族も音楽好きの住まいならでは、です。

　具体的な特徴としては、ステインやワックスを用い、カラフルにせず、ウッドの質感を生かしてヴィンテージスタイルに仕上げること。また、アースカラー寄りのブラウン、グリーン、ブルーなどで統一し、ナチュラルにまとめることにあります。重視するのは、「空気感」と「質感」なのです。

　さて、もとは和室のこのアトリエ。床はプロにボルドーパインを敷いてもらい、畳をあげ、土壁をグレーに塗って、オスモカラーのフローリング用ワックスを塗りました。「使い勝手とインパクトある見た目を両立させながら、自慢の『秘密基地』として日々、進化を遂げています」とchikoさんは語ります。

A chiko's ATELIER

使いやすさという「実益」と見た目のよさという「趣味」とを兼ね備え、進化し続けるアトリエ

動画撮影のキットまでDIY

人気DIYブロガーとして撮影にもこだわるchikoさん。最近では、動画撮影のキットも自作。

押し入れのふすまを外して「ABCDワゴン」を配置

左／ふすまを外し、上段には引き戸をつけ、下段用にキャスターをつけた「ABCDワゴン」を制作。頻繁に使うものは手前に収納し、最上段にはステンシルを施すなど、押し入れも活用。右／壁面の一部はグレーにペイントし、アンティークの折りたたみ定規や温度計などを、アクセントとしてディスプレイ。

杉板荒材に塗装し古木の雰囲気アップ

杉板荒材に水で薄めた塗料を用いてエイジング塗装。それを写真右の壁面に、下方から貼った。

BITTER Point

DIYグッズの収納

増える道具や工具に悩み始めた方もいらっしゃるかもしれませんが、DIYグッズこそ、「魅せる収納」に挑戦してほしいもの。DIYの道具や工具は、ハードだったりメタリックな素材のもののインダストリアルアイテムで、ダークな色合いのものも多く、ビター。

和室の壁面や押し入れから家具までのすべてをDIY

chikoさんのアトリエでは、頻繁に使用する工具や塗料を取り出しやすい位置に、ディスプレイを兼ねて配置しています。そのために、エイジング加工を施したウッドのシェルフやラック、ボックスなどを壁面に大量に配しました。工具、道具、筆記用具と、塗料とを分けて配置。壁面の使用により、収納スペースの確保とディスプレイが両立します。また、p.50上の写真手前の作業台や奥のデスク状になっている箇所も、すべて制作もしくはリメイク。ポイントは、収納するものや使用用途を先に考えてから、それに合わせたものを作ることだそうです。ただし、時を経て、仕事や作品の傾向に変化が生じることは当然あります。そのような場合にも、常にリメイクを重ねることで、この「秘密基地」を進化させていくわけです。壁面や柱まわりには、フェイクグリーンなども添え、ディスプレイとしての完成度を高めています。

さらに、押し入れの扉を外し、上段には引き戸をつけ、下段にはジャストサイズで収納用の扉つきワゴンを制作。最上段にはステンシルを施し、和室という素材を上手に活用中です。このワゴンをはじめ、chikoさんは動かせると便利なものにはあらかじめキャスターをつけています。

ブルー、グリーン、ブラウンの3色をベースに、面でバランスを調整

　カフェ空間の再現を目指して作りこまれたリビング。ソファ、床、家電以外のほとんどは、DIYで実現されています。「好きな音楽が流れ、コーヒーの香りがして、ウッドの手触りが心地いい。窓から光があふれ出し、部屋を見渡せばうれしくなる、そんな空間です」とchikoさんは語ります。壁面は漆喰の上からグリーンとグレーをペイントし、さらにホワイトスポンジでモルタル風に塗り重ねました。ネイビーブルーのウッドの窓枠も、もちろんDIY。杉板を組んで面取りをして、水で薄めた塗料で古材風の下地を作り、その上からさらにブルーにペイント。その後、サンダーで角を落とすようにしてエイジング加工を重ねています。ブルーの窓枠の上方には、大きくレタリング、ステンシルもあしらいました。樹脂製の窓枠を隠し、リビングの雰囲気を高めているのです。

　chikoさんは、「特にリビングは、それぞれを面で撮影したときの完成度を追求しています。ここに小さな作品を置いて撮影する際の、スタジオのような位置づけですね」と言います。

　ただしエイジングも、サビ風の加工は、光の降り注ぐリビングには合いません。そこで、薄めた塗料の下塗りによって色味をくすませることで、きれいめの経年劣化を表現しています。

ウッドの窓枠をつけグリーンをあしらう

左/シェルフやラックだけでなく、端材とギター用壁面フックで壁かけも制作。観葉植物で人気のモンステラや、フェイクグリーン「のっぽ柱サボテン」でアクセント。右/ウォールラックの形にもこだわりが。ミシン台の上にはブラックボードも配置。

1. ギター用壁かけ　2.「のっぽ柱サボテン」　1. ミシン台
3. オーディオラック　4. モンステラ

BITTER Point

窓枠の下塗り

暗い場所にはサビ加工も合いますが、明るい場所にはchikoさんオリジナルの下塗りエイジング塗装がおすすめ。杉の荒材なら水200ccに対し、2〜10g程度、ブラックや濃いめの色合いの塗料を混ぜます。塗った直後は濃いめに見えますが、乾かして様子を見てください。

L chiko's LIVING ROOM

ウッドの窓枠、ラック、フック DIYを随所に施した スタジオも兼ねる快適カフェ空間

クッションカバーに合う鉢カバーも制作

鉢カバーも、ツートンにリメイク。クッションカバーのロゴや、ネイティブアメリカン風のラグマットともなじむ。

車輪のテーブルやオーディオラックもすべてをDIY

アイアンの車輪をつけたテーブル。厚めの、杉などの針葉樹合板のエイジング加工と、角のアイアンパーツとも相まってビター。オーディオ機器周辺のDIYが凝っているのも、chikoさんならでは。

DK
chiko's DINING KITCHEN

ペイントでカフェ風の雰囲気を高め
ダイニングテーブルを塗りかえた空間

BITTER Point

テーブルの塗りかえ

もとの塗装を粗めのやすりではがし、ウッドジェルステインWalnut色を塗ってやすりをかけ、オスモカラーで仕上げました。

ホワイトとウッドがベース

　L型の対面キッチン上方には塗装とステンシルでサブウェイタイル柄を描き、下方はステインの塗装に重ねてホワイトにペイントしています。カウンター式の飾り棚も、左右ともDIY。左側の飾り棚には、ホワイトの窓枠も設置しています。そして、キッチンに向かって左側にあたるダイニング脇の実際の窓にもホワイトの木枠を設置し、ひさしも設けました。この木枠は観音開きにして、取っ手もつけています。

　また、ダイニングキッチン全体に、ヤマイモのドライフラワーやフェイクグリーンを添え、ランプシェードも変更しました。

ホワイトとブラックのタイルやロゴが印象的

ヴィンテージのオーブンコンロに合わせ、正面とドアの下方にタイルを貼り、上方や磨りガラスにロゴを添えている。

1. レンガ柄壁紙　2. ウッドプレート

屋外風の雰囲気のレンガ柄壁紙

レンガ柄壁紙を貼り、ウッドプレートにフックを設置したキッチン脇のスペース。子どもの持ち物も収納。

D chiko's DECK

アトリエの脇に丸々DIYしたスペース
板張りとファブリックもシャビー

BITTER Point

シャビー感

作業場ならではのシャビー感が、ビターテイスト。床面も壁面も塗料のあとを感じさせ、屋外に近いのでサビ加工もぴったり。

アトリエの外に新設したスペース

　テラスは、もとは前庭の一部。ここにウッドデッキを作り、ラティスを設置していました。「でも、塗装をする作業場になり、ご近所から丸見えで雨も降りこむので、南側に壁を造り、柱を生かしながら、ここを屋根つきのデッキにしました」とchikoさん。また、古い扉に蝶番をつけ、ウッドデッキの柱に固定しました。ここにもステンシルを施し、フラッグガーランドを飾っています。

　古いミシンをリメイクしたテーブルを中心に、DIY作品を並べているのもポイント。光の入る天井のリネンのファブリックは遊牧民風、車輪は納屋風の雰囲気を高め、空間を快適に仕上げています。

小屋風&高原の別荘風な外観

外には雑木とローズマリーを植え、ナチュラルな雰囲気を高めている。チェアもジャンクにリメイクした。

ウッドのサインボード

ウッドのサインボードを、屋外の草木の足もとなどに添えている。

06

Nego's TASTE

センスのよさを生かしながら、空間をコーナーごとに仕上げていく、「オシャレ番長」Negoさんの DIY &インテリア。「ポイントは、古いものや格好いいものを使い、ジャンクやダークな感じを演出すること。収納は『魅せる』」、そう語ります。

　Negoさんは、クラスのみんながファッションに興味を持っていた中学生の頃からインテリアに関する雑誌を読んでいました。結婚を機にご主人の実家だった建て売りに引っ越してきましたが、「当初は、この家が大嫌いでした」と言います。
　そこで、2003年頃からインテリアのリメイクを開始。2008年頃から本格的なDIYも手がけるようになり、エントランスからビターテイストを取り入れていきました。
　次女の杏果(こうか)ちゃんは、洋服が大好き。そこで、2つの壁面をトレンド感あるカジュアルスタイルのセレクトショップ風にディスプレイ。ブラックやブラウンをベースに、古いものをリメイクしたり、エイジング加工を施したりして、ジャンクなビターテイストが完成しました。
　「杏果も小学6年生になって、最近はオシャレや音楽が大好きに。しかも、かわいい雰囲気よりも、格好いい感じを好みます。だから、特に杏果お気に入りの洋服を中心に、格好よく『魅せる』部屋にすることを考えました」。正面の壁面にはルームファクトリーの高品質で貼ってはがせるシール壁紙「プレミアム ウォールデコシート®」のシンプルなブラックを貼りました。SPF材にブライワックスを塗ってビターテイストを高め、ステンレスのレールやフックを設置して、壁紙の上から貼っています。

「魅せる」収納で
ジャンクやダークを演出

段ボール箱を水性塗料でブラックにし修正ペンで数字を描いたボックス

1は下着、2は靴下など、番号ごとに入れるものを分けている。習字道具などの使用頻度が低いものは下のほうにしまいこんだ。

BITTER Point

パーケット柄クッションシート

昔のヨーロッパのテーラーやバーバーの床をイメージした、重厚感のあるパーケット柄のクッションシートを敷き詰めました。力強いアンティーク感を演出。

Nego's GIRL'S ROOM
セレクトショップ風の カジュアルな子ども部屋

杉の床材のウォールシェルフ

　杏果ちゃんの部屋のデスク側は「プレミアム ウォールデコシート®」のレンガ柄壁紙。「デスクは古道具店で見つけた学校の机をリメイク。天板と脚をつけかえ、ボックスを設置しました」とNegoさん。デスクの脚やチェアの1つをブラックにして格好よく。また、部屋の左側にはLABRICO（ラブリコ）で柱を立て、長女で高校1年生の愛音ちゃんとの空間を仕切って「プレミアム ウォールデコシート®」の別のレンガ柄を貼り、L字棚受け金具を用いてショップ風のウォールシェルフをDIY。杉の床材をターナー色彩のアンティークワックスで塗装して棚板にしました。

ロゴやイラストのTシャツ、ドットや迷彩のリュックもアクセントに。奥にはウッドとタイルで囲んだミラーも設置。

壁面はレンガ壁紙にラックや時計をオン

ガーランドに下がっているのはミニチュアの手袋。時計は塗装し、両脇のラックは三角カンを釘で固定した。

1. チェーンと大きなハット
2. トタンバケツ
3. ウッドボックス
4. オールドウッドのハンガーかけ

ベニヤ板に細い木枠をビスどめ

リビングに入るドアのエントランス側にベニヤ板を貼り、グラフィティーペイント ウォール＆アザーズBlack Beetleで塗装。ベニヤ板を貼れば塗りかえも簡単。

BITTER Point

オールドウッドのハンガーかけ

右端にアメリカのオールドウッドを設置。同じ木を横に重ね、古道具店で買った木の糸巻きをつけ、ハンガーをかけました。

Nego's ENTRANCE

ブラックやサビ風にペイントしあふれる靴をディスプレイ

漆喰とペイントでレンガの壁面を描写

ショップ風に収納 & ディスプレイ

玄関は、「狭いエリアだったにもかかわらず、靴が好きで増えるいっぽうで片づけられませんでした。しかも、もともと片づけは苦手。だからこそ、収納メインというよりも、ショップのディスプレイ風に『魅せる』コーナーにしました」とNegoさん。たとえば、正面に3つ丸く見えるのは、雑貨店のトタンバケツをサビ風に塗装して、ファブリックを入れたものです。周囲の、チェーンのハードな雰囲気や、大きなハットとのバランスも絶妙。足もとのウッドボックスはフランスの高価なアンティークで、フェイクの「のっぽ柱サボテン」もインパクトが大きいアイテムです。

ウッドを横向きに設置してJフックをつけ、ワイヤーネットをかけてシューズラックに。吊る収納を実現。

帽子をかけたチェーンはサビ風に塗装。ラダーはフランスのアンティーク。フェイクグリーンも添えた。

ピュアにひそむ
魅惑のビターテイスト

07

Rumi's TASTE

センスのよさには定評があり、全国をDIY＆インテリアの仕事で飛びまわるRumiさん。ホワイトが印象的な清潔感ある生活空間で、ウッドにはエイジング加工を施し、ブラック、グリーン、シャビーな雰囲気、そしてユーモアを取り入れています。

　築10年強の、Rumiさんのお宅。DIYの仕事で幅広く活躍するRumiさんは、現在ではリビングやキッチンなどを生活空間というよりも撮影スタジオととらえています。

　そんなRumiさんを理解して支えるご主人、受験勉強に励む中学3年生の長男・鈴斗くん、小学5年生の次男・陽斗くんと、4人家族。キャラクターは異なりますが、とても仲のよい兄弟です。

　Rumiさんはファッションもアンティーク・フレンチ風のホワイトを好み、基本的には兄弟もモノクロの服を身につけることが多いそうです。愛犬のおはぎも、ブラックのフレンチ・ブルドック。そんな住人＋住犬（？）たちは、このさわやかさと愛らしさが共存する空間に、とてもよく似合います。

　インテリアももちろん、ホワイトをベースにしているRumiさん。しかも、ファンの人が真似しやすいよう、随所に100円ショップのグッズのリメイクや、手軽なDIYも取り入れています。差がつくのは、テイスト。コーナーごとの色味をおさえ、エイジング加工やアンティーク調のアイテムを取り入れ、なおかつグリーンをふんだんに配して、大人っぽく仕上げます。

　写真は兄弟の寝室で、2010年頃に壁面をブルーにペイント。下方は合板（ベニヤ板）で板壁を設置しました。現在では、コンクリート壁紙を貼り、ディスプレイスペースを確保した箇所もあります。自然なDIYがとてもすてきです。

RINTO'S CORNER

クローゼットの扉を外し、シンコールのサブウェイタイル風 クロス レンガ調を壁紙用粉末糊で貼り、ブラックの木枠を設置。

ビター効果大の ブラックの木枠

板壁風壁紙と ラダーに注目

色目のある板壁風の壁紙を貼り、サビたアイアンのラダーを設置。上下にキャベツボックスやワインボックスを配し、グリーンをアクセントにしている。カラーボックスに板を張り、ホワイトに塗装も。

ブルーの壁面。愛らしいモチーフを取り入れつつ、ヴィンテージのメジャーを貼ったウッドにフックをつけて、ポイントに。

BITTER Point

色味のおさえ方

長男の鈴斗くんの空間はブラックでアクセント、次男の陽斗くんの空間はコンクリートの壁紙を貼っています。

B

Rumi's
BOYS' BEDROOM

兄弟それぞれの個性を生かし 次男の空間は楽しげに 長男の空間はビターを追求

壁面やクローゼットを中心に、子ども部屋をコーナーに分けてDIY

「鈴斗が中学生になったら、お友だちがくるようになるからと、DIYを施しました。9畳を2つに分けることも考えましたし、一時期はゆるやかなパーティションを設置していましたが、鈴斗も陽斗も仕切りは必要ないと言うんです」とRumiさん。仲よしの兄弟ならではのエピソードですが、それぞれ個性や好みは異なります。

長男の鈴斗くんは「おもしろさや遊びはいらない。大人格好いい部屋に」とリクエスト。次男の陽斗くんからは特にリクエストはなかったのですが、Rumiさんは彼らしい「楽しげな部屋」を目指すことに。そこで、鈴斗くんの空間にはブラックを多めに用い、陽斗くんの空間にはミントグリーンやイエローも取り入れました。ただし、p.63の写真のように、陽斗くんの空間の壁面には、色味をおさえるためにコンクリート風の壁紙を貼り、LABRICO（ラブリコ）を用いて柱を立て、メインのディスプレイコーナーに。二段ベッドを切ってそれぞれの空間に配し、翌日に着る服もディスプレイしました。いっぽう左上の写真のように鈴斗くんの空間は、勉強好きで落ち着きのある彼らしく、モノトーンを重視。壁面にはサブウェイタイル風の壁紙を貼り、窓枠と、ウインドウ・ディスプレイ風に服を収納したコーナー手前の枠をブラックにしました。

ラブリコの柱に張った板壁

2×4材の上下にLABRICO（ラブリコ）を取りつけて柱を立て、そこに板壁を張ってディスプレイコーナーに。階段上方には、ダミーの窓を設置した。

1. LABRICO（ラブリコ）

Rumi's
LIVING ROOM

空間を広く用い 黒・茶色にグリーンを添えて ビターな小物で仕上げたリビング

「ティンタイル」の壁紙などを貼り、壁面シェルフやラックをDIY

　Rumiさんは、「南東向きのリビングは広く使うこと、犬もいること、外で働くことが増えたので掃除機をかけやすくすることを考えました。そこで、障害物を置かないことに決めているのです」と言います。大工さんも、「あなたはインテリアが好きそうだから、あまり部屋に仕切りを設けたくない」と言ってくれたそうです。最初に手を加えたのは、2010年頃。フレンチテイストの世界でも人気があった、欧米に19世紀からある型押しの「ティンタイル」の壁紙などを貼り、トルソーを置いて、アンティーク・フレンチ風にしていたそうです。でも、男の子が多い家なので、部分的に板壁を張り、ビターテイストの小物に変更。上方にはチェーンでウッドボックスを吊し、ウッドやワイヤーで壁面シェルフを設置しました。アンティークカメラや東南アジアの定規などをお気に入りの雑貨店でまとめ買いし、レコードやタイプライターとともにディスプレイ。そこに、ドライフラワーをプラスすることで、甘さもわずかに添えているのがRumiさん流です。家族に合わせ、素材や色味を選択。ホワイトベースでも、ウッドをブラックの塗料やブラウンのワックスで仕上げ、グリーンをたっぷり添えています。

左／ホワイトベースの空間に、グリーンが映える。観葉植物とフェイクグリーンを自然にミックス。殺風景になりがちな壁面をソフトに見せている。上方からはチェーンでウッドボックスを吊し、雰囲気のあるレコードジャケットをディスプレイ。奥はティンタイルの壁紙でアンティーク感を高め、そこにもボックスを設置している。中央／ミラーの木枠も水で薄めたホワイトの塗料を塗り、シャビー感を演出。アルファベットでデザインを添えた。右／ワイヤーラック内に厚めの洋書を重ね、フェイクグリーンの「くるりんティランジア」を置いた。

BITTER Point

ロッカー柄壁紙を立体的にデコ

ドイツの壁紙ブランドrasch（ラッシュ）製フリース素材のロッカー柄壁紙を、粉末糊で貼りました。ロッカーの扉と同じサイズに作った箱を取りつけて立体感を出し、鍵や新聞を入れたり、柄に合わせた南京錠も設置しています。

Rumi's
BALCONY

ホワイトの板壁の手前に
キャベツボックスを配置

BITTER Point

キャベツボックスの再現

1930〜40年代にヨーロッパの農家でキャベツの収穫時に使われていた木箱を再現したキャベツボックスの配置でビターに。

キャベツボックス風の箱をDIY

　Rumiさんのアトリエは2階にあり、その向こうにバルコニーが広がっています。背景として厚めの合板（ベニヤ板）を設置し、ホワイトにペイント。その手前にキャベツボックス風に組み立てたボックスを重ねています。屋根材の下地材である野地板をホワイトにペイントして並べ、両端に角材を取りつけ。それを箱形に組み立てるだけです。そこにRumiさんお気に入りの園芸店「陽春園植物場」で購入した植物を中心に、リメ缶に植えこむなどしてややランダムにディスプレイ。仕上げにウッドプレートを設置して、雑貨を添えれば完成です。

ワイヤーもサビ感が増していい感じ
ホワイトにペイントした板壁の手前に、ブラックにペイントしたウッドプレートをハンギング。ワイヤーネットに麻を入れて。

ブラックや結束バンドがビター

屋外は放置するだけでアンティーク感やシャビー感が出やすいもの。ブラックのペイントも、いい味に。鋼の結束バンドでインダストリアルにも。

BITTER *Point*

ドライフラワー&フェイクグリーン

ドライフラワーとフェイクグリーンの組み合わせが新鮮な玄関。フレッシュな雰囲気とアンティーク感をミックスして。

Rumi's ENTRANCE
ドライフラワーとの意外な共演

1. ウィリアム・モリスの壁紙を貼った箇所

壁紙とドライフラワーがアクセント
上方にはウィリアム・モリスの壁紙を貼り、同様に年代を思わせるフラワーベースを配置。庭のアジサイを乾燥させて入れた。

漆喰や家具のDIYでホワイトに

　Rumiさんの玄関では、大型シェルフもDIY。近年、全体をホワイトにペイントしました。ジンジャーカラーの漆喰だった壁面も、ホワイトの漆喰を塗り重ね、ソフトな凹凸によって雰囲気を高めています。壁面にはキャベツボックスを解体して1段にし、フレームにしてドライフラワーなどを飾りました。

　「ドライフラワーとフェイクグリーンを組み合わせた、台湾のカフェの写真を目にして。その組み合わせをしてみたかったのです」とRumiさん。玄関全体で、それを実現しています。正面の窓枠はブランドショップのアンティークの窓枠です。

フレーム内にドライフラワー

キャベツボックスを切って1段にし、底のワイヤーネットも生かしつつ壁面に飾ってフレームに。そこに、色味のあるドライフラワーも添えて。

アメリカンカジュアルの
ポップな空間

08

Mackey's TASTE

カジュアル＆ポップで、カリフォルニアなどアメリカ西海岸の風が部屋を吹き抜けるようなMackeyさんのDIY＆インテリア。「ポイントは、大好きな素材やモチーフを壁面や大きな家具などに活用すること」。Mackeyさんは、そう語ります。

Mackeyさんは、閑静な住宅街に7年ほど前に家を建て、お連れ合い、長男、次男、お母さんと5人で暮らしています。SNSでDIY作品やインテリアを公開するようになってから3〜4年。主に、Mackeyさんが寸法を測って設計やデザインを手がけ、作業はTackerさんと一緒におこなっています。

「ポイントは、全体の写真を撮ってバランスを見ること。それを繰り返し、完成させていきます」とMackeyさん。このリビングの壁面も、もとはクリーム色で、シルバーに塗装したり、ブライワックス・ライミング・ワックスをかけて木目を白く強調してみたり、レンガの壁紙を貼ったりしていたそうです。

でも、レンガ柄にも飽きたことがきっかけで、またもやリメイク。長い板で継ぎ目を作らずにヘリンボーン柄を作成するため、屋外のウッドデッキで作業を開始しました。4枚のベニヤ板を土台に木片でヘリンボーン柄を描いていき、それを玄関から通して壁に取りつけたのが、この写真です。使用している杉板は100本分を購入し、家中に活用しています。ブリキ・配管などを用い、ブラック、グリーン、シルバーを配していくのも、Mackeyさん流のビターテイスト。彼女は、「フェイクグリーンは、向かって右上と左下の2カ所に男前度やリアル度が高くて存在感も大きなコウモリランLを配し、アガベはあちこちに。食虫植物・ハエトリソウのフェイクグリーンもユニークで、ポイントになっています」と語ってくれました。

Mackey's LIVING ROOM

階段の「ドア」やケーブルドラム 配管をつなげたラックもインパクト大

BITTER Point

素材感・質感に注目

DIYの際にはウッドをワックスなどで塗装し、ヴィンテージ感を演出。配管やケーブルドラムで無骨さも。

ケーブルドラムとは電線を巻く道具で、電気工事店やネットショップで扱われている。上をテーブルに、下を収納にするのが人気。

無骨な雰囲気で存在感のある**ケーブルドラム**

ハードで無骨な質感がビター

ハードな質感が強調された、Mackeyさんのリビング。ヘリンボーン柄の壁面やパネルラック、階段の蹴こみ、シェルフ、配管ラックなどのDIY作品には、ワックスやステインでヴィンテージ感をもたらしています。杉板などを活用したDIYは、カジュアル感を演出しやすく、おすすめです。

また、人気のケーブルドラムをテーブルに活用し、無骨な重厚感もアップ。ソファやクッションのファブリックには、デニム素材を用い、全体としてアメリカン・カジュアルな雰囲気に仕上げています。

ヘリンボーンの壁面前のハエトリソウがユニーク

食虫植物のハエトリソウ（ディオネア）のフェイクグリーン。形状のユニークさで実物もフェイクも人気。

ステインで部分的に「汚れ」を施した配管ラックを制作し、フェイクグリーンやブリキ缶を配した。

ウッド&シルバーのインパクト

テーブル、写真の右上に見えるコンロ上のシェルフなどのウッドと、中央のブリキとのミックスがビター。

DK
Mackey's
DINING KITCHEN

「高床式の掘りごたつ風」テーブルに ウッドとブリキいっぱいのポップ空間

上の写真右側にはコンロがあり、それを隠すようにはめこんだ木枠の裏面の内側には国産壁紙を貼っている。また、ウッドでラックを設置して、オイルや調理器具を収納。

グラスやカトラリーが両側から取り出しやすいラック

キッチンからもダイニングからも食器が取り出しやすく、片づけもしやすいラック。金網もビターテイスト。

ブリキを木枠で囲んだ機能的かつ美しいコーナー

シェルフにふたをつけ、ブリキを貼って木枠を設けた。丸いケースには調味料やガーデンチップを入れている。

機能的で格好いいDK

「ダイニングキッチンは、使い勝手が大切な空間。でも、イメージを壊す家電は隠し、機能的で見た目も格好いい場所になるようにしています」と語るMackeyさん。キッチンはダイニングなどから丸見えなので、上のメインの写真右側のコンロの箇所に、天井まで木枠を設置。その背面にも調味料用シェルフを制作し、正面のシェルフには取っ手を手前に持ち上げて開けられるフラップドアをウッドで設置して、生活感のあるものを隠しています。そして全体に、フェイクグリーン、アメリカン・カジュアルな小物などを添え、ポップに仕上げました。

B

Mackey's
BOY'S ROOM

ディアウォールの柱に板を張ったシェルフをDIY

BITTER Point
板材のラフな魅力を活用

板の粗い雰囲気を生かしてビターに。デスク正面、足もとや壁面に板を活用しています。

小物が飾れるデスクシェルフを設置

Mackeyさんは、次男に、「子どもっぽい部屋から、リビングみたいな部屋に変えてほしい。好きなものが飾れる棚もほしい」とリクエストされました。

そこで、小学校から中学校に進学しても長く使えるような、格好いいシェルフを作ることにしたのです。

使用したのはディアウォール。バネの力を用いて2×4材や2×6材を天地に突っ張らせることで、原状回復可能な柱を作るものです。まず1×4材でデスクを作り、それと同じ幅で柱を立てて板を横張り。さらに、板を格子状に組みました。

フレーム フェイクグリーン ボトルを配置

フレーム、フェイクグリーン、ボトルなどを並べ、アメリカンポップなコーナーに。マクラメのハンギングでソフトな雰囲気も演出。

フレームに入れたヘリンボーン

ヘリンボーンを入れたフレームをかけ、色味をおさえたガーランドで飾った。カーテンレールの上に板を取りつけ、雑貨もディスプレイ。

Column 1

FAKE GREENの世界

　自由に飾れて手間いらずのフェイクグリーンの人気が広がっています。
　雑貨感覚で楽しむことができ、本物のグリーンとは異なる魅力があるいっぽう、本物と見分けのつかないアイテムも続々登場しています。
　特に、日陰や高所におすすめです。ワイヤーが入っているものは曲げ伸ばしが可能で、高所やポール状のものにからませるのに最適。そこで、人気の高い「おしゃれなフェイクグリーン・人工観葉植物通販【いなざうるす屋】」さんに、フェイクグリーンについて教えてもらいました。

　飾り方のポイントは、以下の5つです。

1. **そのまま吊したり、垂らしたりする**
   高所に飾り、空間の広がりを演出

2. **そのまま置く**
   単体で飾っても、フェイクグリーンを寄せ集めても、雑貨に添えてもOK

3. **何かに入れる**
   リメ缶、フラワーベース、グラス、ボトル、ウッドボウル、陶器、バスケット、ワイヤーボウルなどなんでもOK

4. **はわせたり、からませたりする**
   ワイヤー入りのものは、それを活用することで、空間に優しさをプラス

5. **DIYを施す**
   フェイクグリーンを飾るために、入れる容器や周辺にDIYを施せば理想の空間が実現

　また、リアルに、ナチュラルに見せるコツは、以下の4つです。

1. **フェイクっぽい箇所を隠す**
   ステム（幹・枝・茎など）を折り曲げたり容器に入れて根元を隠したりするとナチュラル

2. **曲げたり広げたりする**
   本物の姿をイメージして、動きをプラス

3. **窓辺に置く**
   日光があたると、リアル感アップ

4. **本物とコーディネート**
   観葉植物や草花、流木と合わせても、リアル感アップ

おしゃれなフェイクグリーン・人工観葉植物通販
いなざうるす屋
http://www.kusakabegreen.com/

09

chica's TASTE

アイテムを活用しつつ、繊細なキャラクターが反映された、カジュアルシックなchicaさんのDIY&インテリア。「ポイントは、色味をおさえることと、ステンシル使い。白地にウッド、フェイクグリーン、ブラックを添えます」。chicaさんは、そう語ります。

　chicaさんは、2013年の結婚を機に新居をかまえ、DIYを始めました。当初はホワイトとブラウンでナチュラルテイストにまとめていましたが、ご主人からは「かわいすぎる」と不評。そこで、ビターテイストに変えていきました。メディアの取材を受けることも多く、SNSでも人気です。
　chicaさんが心がけているのは、「色を増やさないこと」。現在も、ブラック、ブラウン、グリーンをベースにしつつ、それでも木目などが持つ雰囲気を生かしてあたたかみを演出しています。特徴の1つは、レタリングとステンシル使い。パソコンでフォント（書体）を選んで印刷し、それを切って使用しているのです。chicaさんは、もともと繊細で几帳面な性格のようで、レタリングやステンシル、ウォールステッカーなどのアルファベットがきっちりと配された空間には、洗練された雰囲気が漂います。また、フェイクグリーンやドライフラワーのほか、新しいDIYアイテムの活用も上手。足し算のDIYと引き算のインテリアという感じでバランスを取りつつ、カジュアルシックを実現しています。たとえば、このダイニングでは木目の壁紙を一面に貼り、さらにその上から板を100円ショップのブラケットで固定し、ラックに。カラーをおさえつつ、ウッドでカジュアル感を演出しているのです。ほかにもシェルフを制作し、色違いのチェアを4脚配して、ウォールステッカー、フェイクグリーン、ドライフラワーなどをディスプレイしています。

chica's DINING ROOM

ダイニングルームのポイントは 木目の壁紙とDIYシェルフの配置

BITTER Point

ウッドの壁紙

ウッドの壁紙でカジュアルに。ブラウン×グリーンのアースカラーでリラックス空間を演出し、ブラックで引き締めを。

壁紙を貼ってラックをDIY

　ダイニングルームは、ブラウン×グリーンのアースカラーによってリラックス空間を生み出しつつ、ブラックで引き締めています。
　ライトは、「100円ショップのアイアンバスケットの底を適当にくり抜き、ランプシェードにリメイクしました」と説明してくれました。ダイニングとリビングをゆるやかに仕切るシェルフは、「100円ショップのリメイクシートを2色使いし、白の木目にはスタンプや転写シールもプラス」。そして、空間全体に対し、レタリングとステンシル、ウォールステッカーなどをポイントとして添えることで、ぐっと格好よくなります。

木目の壁紙を貼って ウッドラックを設置

右の壁面に壁紙を貼ってアイアンバーを設置。左にはウォールステッカーを貼り、板を100円ショップのブラケットで固定し、ラックに。

間仕切りを兼ねたリメイク家具の脇に、すのこの棚を設置して、ティッシュケースや除菌スプレー置き場に。キャスターで移動も可能。

リメイク家具を 間仕切りに

1. 間仕切りを兼ねたシェルフ

S

chica's STAIRS

アイアンの突っ張り棒がアクセント

蹴こみには幅広のマスキングテープと、100円ショップのリメイクシートをラインに沿ってカットしてヘリンボーン柄にしたものを交互に貼った。

アイアンの棒と蹴こみデコ

　DRAW A LINEの突っ張り棒は、柱がアイアンとエポキシ樹脂粉体塗装、ネジが真鍮とアイアンと合成樹脂でできていて、質感も魅力。chicaさんは、001 Tension Rod Aのブラックを設置。突っ張り棒と同じように、壁に穴をあけず、グリップをまわして突っ張るだけで固定できます。014 S Hook Lブラックのアイアンの大型S字フックも活用し、お友だちのハンドメイドのマクラメにフェイクグリーンを入れ、DULTONのPULLEY WITH HOOK（滑車）を吊り下げています。階段の蹴こみには、幅広のマスキングテープとリメイクシートを交互に貼りました。

BITTER Point

DRAW A LINE

アイアンの突っ張り棒とアクセサリーを組み合わせるDRAW A LINE（ドローアライン）で、上方にアクセントをプラス。

DULTONとは、1988年に創業した、インテリアメーカー。このPULLEY WITH HOOKは、無骨なビターを添えたい天井まわりや部屋の角にぴったり。

DULTONの滑車もビター

西海岸の風が吹き抜ける
カリフォルニアスタイル

10

shakitro's TASTE

西海岸、カリフォルニアテイストのshakitroさんの住まいは、空間が明確に区切られておらず、中庭に向いた大きな窓からは光が差しこみます。そんな心地よい空間には、アイディアや便利なアイテムがあふれているのです。

　shakitroさんは、ご主人と、築5年の戸建てで暮らしています。まず、日光が降り注ぐ中庭用に植物を並べる棚と、玄関に置く三角形のシェルフをDIY。そこから、DIYの楽しさに目覚めました。「ブログやSNSでDIYerさんやクリエイターさんの部屋や作品を見て、雰囲気を真似するところから始めたんです」とshakitroさんは振り返ります。ご主人のおじいさんは大工さん。その影響で幼少期からのこぎりを使っていたそうで、DIY作業自体はご主人が手がけてくれます。

　shakitroさんのビターテイストのポイントは、やはり人気のカリフォルニアテイスト。ウッドは無塗装で使用するなど淡い色目のものをそのまま生かし、ブルーやミントグリーンを添えています。

　この写真は1階にあるリビング&ダイニングの右奥の壁面。一角に横長の板を張り、正面には国産のコンクリート風壁紙を貼った上からややランダムな市松模様風のモザイクに板を配しています。また、インテリア雑貨店で購入したウォールラックを設置し、マガジンラックを制作。そこに、ねじねじ枝ロング、くるりんティランジア、コウモリランLなどのフェイクグリーン、流木、レースやファブリックなどを配しています。shakitroさんのリビング&ダイニングは広々。大きな窓からは中庭に降り注ぐ光が室内にも差しこみます。

　さわやかな風が吹き抜けるような、グリーンと雑貨使いがすてきなディスプレイにオリジナリティがあふれたビターテイストです。

LD

shakitro's
LIVING-DINING
ROOM

カジュアルな板壁を張り
お気に入りのソファなどを置き
シェルフやテーブルをDIY

Weekend Workshopの
シェルフフレーム

アイアン素材のDIYパーツ、Weekend Workshopのシェルフフレームを組み合わせ、ウォールシェルフを制作。1×4材や1×6材、パイン材を取りつけるだけで簡単。

BITTER Point

明るい板壁

壁の2面を板壁で覆ったshakitroさんのリビング＆ダイニング。板材を横向きや斜めなどに貼っていくだけですが、ビスなどを打つか、マスキングテープと強力な粘着テープではがせるように貼ります。左の写真下方の板のように、好みのペンキやワックスで塗装すると、よりビターに。

明るめの板壁に、シェルフやラック、テーブルをDIYしてカフェ感アップ

shakitroさんのリビング＆ダイニングでは壁の2面に、明るめに塗装した板壁を張り、カジュアルなカフェ感をアップ。そこに、インテリア雑貨店などで購入したマットやソファを配し、シェルフやラック、テーブルなどをDIYしています。

材料は、本格的なものから100円ショップのアイテムまで、さまざまです。

左奥はご主人の書斎なので、そことソファのある空間の間には、LABRICO（ラブリコ）を用いて天井までの大きなパーテーションを設置。書斎はさりげなく隠され、秘密基地のような雰囲気になりました。

また、テーブル類はタイルの色がランダムになるように貼るなどして天板のみ制作し、脚部分は市販のパーツを活用しています。

玄関に近い側に配したダイニングテーブルの天板は、まずスチールたわしで端材に酢を塗りつけて3時間ほど放置し、また同様に酢をしみこませて天日干しにして酢のにおいを除去。その後、端材同士を木工用ボンドでつなぎ、ドライバードリルで斜めに穴をあけ、ネジでとめて天板にしています。

1. パーテーション

テーブルや
パーテーションは
リメイク作品

テーブルは、土台の天板にタイルの色がランダムになるようにして貼り、ワイヤーネットのボックスをテーブル脚のように設置している。

ヴィンテージ風
ダイニングテーブル

酢でエイジング加工を施した端材同士を木工用ボンドでつなげ、ドライバードリルで斜めに穴をあけて、ネジでとめて天板にしたテーブル。

K
shakitro's
KITCHEN

I型のペニンシュラキッチンは原状回復可能なアイテムを多用

BITTER Point

モールディングがビター

Graffito S.A.の発泡モールディングにmt CASAのココアを貼り、上方の収納扉にこのモールディングを設置して、重厚感を演出。

大型マステやモールディングでデコ

I型のペニンシュラキッチン脇のラフなレンガ柄の壁紙は、貼ってはがせるリメイクシートのHatte me!（ハッテミー）。奥のコーナーは、部分的にベント：サブウェイタイル【アッシュグレー】白目地を貼りました。上方のシェルフの扉は木目調でフラットでしたが、mt CASAココアを貼ったモールディングで、重厚感を演出しています。マスキングテープのmt CASAのマットホワイトとmt CASA SHEETの白レンガという貼ってはがせるアイテムで、壁面や収納の側面などもデコ。そして、Weekend Workshopシェルフフレームのスクエアでシェルフも設置しました。

サブウェイタイルの前にはWeekend Workshopの白いスクエアを用いたシェルフ

サブウェイタイル【アッシュグレー】を背景にシェルフフレームシリーズを使ってシェルフも設置。

空間イメチェンの
HOW TO MAKEOVER

DIYerさんオリジナルの作品や
便利なアイテムを使用した作品の
作り方や使い方を紹介します。

Part 2

通常は左ページの写真のように005 Shelf Bを用い、ディスプレイをメインとしてフェイクグリーンを多めに飾る。忙しい時期などには、あらかじめ右の写真のように016 Clothes Hangerを用い、収納をメインとして服をショップ風に飾りつつ多めに配置している。

以前はコンクリート風の壁紙がむき出しの、地味で活用されない空間だった。

BEFORE

収納メインのときの AFTER

mayukamuさんのベッドルームの片隅は、コンクリート風の壁紙がスタイリッシュ。下方には、合板（ベニヤ板）の扉を設置してグレーに塗り、アイアン塗料でペイントしたかすがいのハンドルもつけたカラーボックスを並べています。ヒンジやマグネットラッチを用い、開け閉めしやすいストレージボックスです。その上に、雑貨店のトタンボックスも並べています。それらに、衣類やファブリック、アウトドア派のファミリーらしく登山や海のグッズ、アルバムなどを収納しています。

そして今回、DRAW A LINEの002 Tension Rod B、014 S Hook Lを用い、005 Shelf Bと016 Clothes Hangerを使い分けることにしました。すべてもともとブラックに塗装済みのアイアン素材です。016 Clothes Hangerは、そのままかけるだけ。ただし、サイズの都合で、005 Shelf Bと一緒には使えません。

※グリップ部をばらしたところ（右）と、壁面への強力な固定を求める場合に使用できる付属のネジ（左）

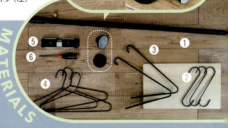

材料 ❶DRAW A LINEの002 Tension Rod B、❷014 S Hook L、❸005 Shelf B、❹016 Clothes Hanger、❺水平器、❻プラスドライバー

5 STEPS TO MAKE
DRAW A LINEでコーナーを作る

01 Tension Rod Bのグリップには、バネが入っている。ここが「LOCK」の方向に動くことを確認し、グリップの端を「START」の線に戻す。

02 真鍮キリネジを、本体のナットに、1回転ほどねじこむ。ただし、ねじこみすぎると調整パイプが引き出せなかったり、傷がついたりするので要注意。

03 取りつける幅までパイプを引き出し、真鍮キリネジを締める。パイプに穴があき、長さが固定される。グリップを「LOCK」の方向に1〜3周まわし、仮どめする。

04 ポールが設置面に垂直になるよう、両端のキャップの取りつけ位置を調整。設置面の状況を確認しながらグリップを「LOCK」の方向にまわし、圧着固定。

05 Shelf Bを取りつける場合、棚板の下穴と棚受け金具のネジ穴を合わせ、プラスドライバーを用いて、ネジを締める。棚板もShelf Bに含まれる。

MAKEOVER ENTRANCE
DRAW A LINEで小物置きを作る
mayukamu's TASTE

THIS IS IT —

**DRAW A LINEで実現する
収納のない玄関に
ディスプレイを兼ねた小物置き**

ミラー脇にウッドボックスを重ね、ディスプレイと収納を兼ねたスペースを確保。レインブーツやスニーカー、グリーンを配置。

木枠にフェイクグリーンやドライフラワーを配置。

　mayukamuさんは玄関もコンクリート柄の壁紙に貼りかえ、収納がないため、壁面にウォールフックを取りつけたりしていました。

　今回、さらに小物を置くスペースを確保しようと、寝室同様、玄関にもDRAW A LINEでディスプレイと収納を兼ねたコーナーを制作。春と夏には日焼けどめ、冬には手袋、そして年間を通してリップクリームや鍵などを置いています。

　玄関全体のディスプレイとしては、グリーンやフェイクグリーンに合わせたボタニカルなアート作品が印象的。「アンティーク風でも、ベースが無骨っぽい。素材が古材風のウッドで、やわらかい雰囲気になっているのもお気に入りです」とmayukamuさんは言います。大判ストールのチョイスもすてきです。

　そして、ファブリックやフレームで取り入れられたオレンジやパープルなどのアクセントカラーが効いています。

DRAW A LINEで小物置きを作る

MATERIALS

材料
❶DRAW A LINEの003 Ten-sion Rod C、❷019 Tray、❸012 Hook A、❹015 Hook B、❺水平器

01 Tension Rod Cの上支柱に中間支柱を差しこみ、下支柱も差しこむ。下支柱を引き出し、真鍮キリネジを締める。Tray、Hook A、Hook Bは、あらかじめ支柱に通しておき、仮どめする。

02 ポールが垂直になるよう、両端のキャップの取りつけ位置を調整。設置面の状況を確認しながらグリップを「LOCK」の方向にまわし、圧着固定。

03 全体のバランスを見ながら、Tray、Hook A、Hook Bの位置を調整し、ネジを締めて固定する。Trayには小物、Hookにはグリーン、服やファブリックをかける。

MAKEOVER BEDROOM
流木でティピー風ライトを作る
SWARO's TASTE

寝室を「異空間」にする
流木とストローハットで作った
愛らしいティピー風ライト

THIS IS IT

壁・天井・床はもちろん、ベッドカバーやクッションなどのファブリックや雑貨にいたるまで、ピュアホワイトを徹底的に追求したSWAROさんの寝室。「現実離れした異空間にしたかったのです。でも、ベッドルームなので、リラックスできる空間として仕上げることは意識しました。そこで、キャンバスに絵を描くようなイメージで、DIYを施したのです」とSWAROさんは語ります。たとえばイメージどおりのシャンデリアを輸入すると高価になるため、ワイヤーを切ってリング状にしたものを土台にし、トレイに入れて転がしながらホワイトに塗装したウッドビーズをつなげました。さらに、紙粘土をティアドロップ形に固め、ワイヤーでつないでいます。ワイヤーもプライマーを施してスプレーでペイントしてあり、サビどめも怠りません。今回は、ベッド脇に流木とストローハットのティピー風ライトを添えました。寝室のムードを高めてくれる作品です。

就寝時だけでなくリラックスタイムを楽しむ寝室。ご主人の淳一さんと愛猫リムちゃんもお気に入り。

MATERIALS

流木でティピー風ライトを作る

材料

❶流木、❷ストローハットやテンガロンハット、❸フック・スイッチつきのロープランプLEDライト、❹ロープ、❺ヒートン、❻ビス、❼インパクトドライバーかドリルドライバー、❽ドライバービット、❾ドリルビット

01 流木2本を床に立て、上方で交差させる。電動ドライバーでビスを打つ。

02 さらに流木をもう1本交差させ、ビスで固定する。その際、3本脚できちんと立つように脚を広げる。

03 ビスを隠すようにしながら、ロープを巻きつけていく。最初と最後のロープを固結びする。

04 ロープの両端を、手でほどき、ほぐす。片側を長めにすると、フリンジ風になってバランスがいい。

05 フックつきのロープランプLEDライトを、交差させた流木の内側につけるので、位置を決める。

06 ライトを取りつける位置にヒートンをねじこむため、ドリルビットにつけかえて、流木に穴をあける。

07 穴をあけた位置に、ヒートンをねじこむ。しっかりついているか、確認を。

08 流木の頭にストローハットやテンガロンハットをかぶせ、ライトのスイッチを入れたらできあがり。

MAKEOVER CORRIDOR
流木と杉足場板でベンチを作る
SWARO's TASTE

— THIS IS IT

左／自然にかけた、フリンジが特徴のターキッシュ・タオル。フリンジのラフなテイストがSWAROさん好み。手前には、西海岸やハワイアンテイストのマクラメのタペストリーを。ランプシェードも魅力。
右／流木のプレートを配し、アイアンのロングフックをつけて、ストールやハット、ロープ、リネンのバッグなどを飾っているコーナー。収納を兼ねつつも、ベージュやブラウンでまとめているのがポイント。

どんな場所にでも
愛らしさを添える
足場板と流木のベンチ

　今回、どこに置いても愛らしいディスプレイコーナーとなってくれる、杉足場板と流木のベンチを制作したSWAROさん。洋書や多肉植物、キャンドルなどを置いたら雰囲気のあるスペースとなり、愛猫リムちゃんもお気に入りの場所となったようです。
　この廊下には、水まわりが集まっています。SWAROさんに、ここのビターテイストのポイントを尋ねると、「ナチュラルにかけた、フリンジが印象的なターキッシュ・タオルでしょうか」とのこと。

SWAROさんはフリンジの「だらしなさを演出できる点」が、お好みだそうです。このブラックやダークグレーの色合いもポイントだとか。また、壁面にも流木のプレートを配し、アイアンのロングフックをつけて、ストールやハットを飾っています。
　ちなみに、ベンチの脚となる流木の選び方については、「水につかっていたけれどもカスカスになりすぎておらず、流木同士を叩き合わせて割れないもの」とのことです。ご参考に。

流木と杉足場板でベンチを作る

MATERIALS

材料 ❶流木、❷杉足場板、❸ビス、❹ダボ、❺水平器、❻電動丸ノコ、❼手ノコ、❽メジャー、❾ボンド、❿サンドペーパー、⓫インパクトドライバーやドリルドライバー

01 心配であれば、流木の長さを同一にするため切断する箇所に鉛筆などで印をつけておく。

02 傾斜角度が15°になるように設定した電動丸ノコで、流木のベンチ脚を4本作るため、切りこみを入れる。反対側も同じ方向の傾斜に。

03 それぞれ、途中からは手ノコを使うと切りやすく、より安全。いずれもしっかりと片手で流木を押さえ、ケガには注意する。

04 杉足場板の、流木の脚を取りつける位置に、斜めに2つずつ下穴をあける。下穴をあけておけば、やや薄めの足場板でも割れにくい。

05 下穴をあけた箇所に、ビスを板の3分の1を残す程度まで、やや深めに打つ。2本ずつ、4カ所、計8本打つことになる。

06 水平器で、天板が地面に対して平行になっているかを確認する。

07 流木の脚の裏に、サンドペーパーをかける。美しく仕上げるためでもあるが、水平でなかった箇所をこれで整えていく意味もある。

08 左右それぞれの2本の脚同士を、別の短く切った流木でつなぐため、短い流木に下穴をあける。脚同士をつなぐことで、強度が増す。

09 下穴をあけた箇所に、ビスを打つ。左右2本ずつ、計4本打つことになる。

10 天板のビスを打った箇所にダボをはめこむため、ボンドを注入する。

11 天板から出た分のダボを、手ノコで切り落とす。ダボはボンドの水分を吸い、乾くと中でふくらみ、木がやせてもしっかりはまる。

12 天板にサンドペーパーをかける。補強の流木や足場板全体にも。天板に金属などが見えず、なめらかで、やわらかい雰囲気に仕上がる。

補強のため、長い流木を横に渡してもよい。できあがり。

白い床のビフォー。以前はドアもホワイトだったが足場板を虫ピンで固定し、アイアンの飾りヒンジや鋲も設置。「LIFE」の文字は塗料を薄めて塗り、くすませた。雑貨でマリン感を演出するうち、床が気になった。

既製の、ガス管が活用された黒いラック、ブラックのカレンダー、シルバーのデスクライト。小物もブラックで統一し、机まわりも「娘好みの、男の子のような空間」に仕上がった。

「洋書で見かけた、デニムのディスプレイ」とのこと。ハードなラックにラフにかけたジーンズとジージャンが、ビターな雰囲気を高めている。

長女の部屋については、「娘はブルーが好きで、小学生当時はホワイトを加えてまとめていましたが、中学生になったので大人っぽくチェンジ。ネイビーやインディゴのブルーをベースに、グレーを差し色にし、木のぬくもりやサビ風のペイントでバランスを取っていました。でも、ありがちなホワイトの床と、リメイクしたヴィンテージ風のドアとの違和感が大きくて。だから、床に古材風のフロアボードを、ランダムに敷き詰めました」とyupinokoさん。フロアボードはウッド素材ですが、ゴムをはめこむようにして敷くだけで、美しく仕上がります。大きな面をリメイクするのが印象を変えるポイントですが、「窓よりも壁面や床面のリメイクのほうが手軽」とのこと。今回は1色をメインに、差し色を2色加えたそうです。

実際、フロアボードを敷いたことで、床面が部屋全体のビターテイストを底上げするポイントになりました。コーナーからDIYを始めるのもいいのですが、まず広い面から手がければ、空間のイメージが作りやすくなり、おすすめです。

古材風のフロアボードを敷く

3 STEPS TO MAKE

01 ドア付近は枠の形状に合わせ、フロアボードをカッターで切ってから敷く。壁面側に詰めるように並べると、隙間ができず、美しい。

02 ゴムをくぼみに差しこみ、フロアボードを配置。偶数列目の最初は、1列目の最後でカットしたものか1/2〜1/3カットを使用。

03 全体のバランスを見て、差し色のフロアボードをレイアウト。目につく広い場所に、アクセントカラーを配すると、動きが演出できる。

材料
❶古材風のフロアボード、❷カッター、❸カッターマット、❹定規

左下／壁面にベニヤ板を貼り、ブラックにペイントしてビターに。地図はステンシルから制作。
右下／あじさいやアーティチョークのフェイクは存在感があり、色も美しい。

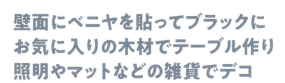

壁面にベニヤを貼ってブラックに
お気に入りの木材でテーブル作り
照明やマットなどの雑貨でデコ

　今回、Weekend Workshop（ウィークエンドワークショップ）のパーツを用いて、ハイテーブルをローテーブルにリメイク。本格的な工具などがなくても、付属のネジをプラスドライバーでとめるだけでテーブルを作ることができます。脚の先端につくパーツで、がたつきの調整も簡単です。Negoさんはリメイクだったので、すでに天板は塗装済みでしたが、新たな木材を使用したり一般的な天板を活用する場合には、木材用のワックスなどでアンティーク風に仕上げるのがおすすめ。ハイとローそれぞれに対応する脚が用意されています。白もありますが、やはりアイアンの重厚感が伝わりやすい黒が、よりビターテイストに仕上がるでしょう。Negoさんのリビングでほかに目に飛びこんでくるのが、照明類。「アメリカンヴィンテージ&アンティークショップのCLUTCHなどで購入しました」とNegoさんは振り返ります。

　また、壁面には石膏ボードが使用されているためにビスをとめることができないので、15年ほど前にリビングにもベニヤ板を貼り、2年ほど前にブラックにペイント。ここもビターな雰囲気です。

Weekend Workshopでテーブルを作る

01 天板を裏返し、天板の端から5〜10mmあけた位置に、鉛筆で印をつけておく。そうすれば、立てたときの天板と脚との見た目のバランスがよく仕上がりやすくなる。

02 1つのテーブル脚につき5個の穴があいているので、そこにタッピングネジを打ってとめる。最初に外側の2本から、次に中央をとめていくと、作業しやすい。

03 4本のテーブル脚をすべて取りつける。2人でテーブルの天板を持ちながら上下をひっくり返す。

04 テーブルのがたつきは、脚の先端にあるアジャスターをまわして調整する。10mmまで調整可能。すべてのテーブル脚をしっかり接地させたら、できあがり。

材料
❶杉板、❷Weekend Workshop スチールローテーブル脚 黒（小）WTK-2、❸ドリルドライバーかインパクトドライバー（握り部直径3cm程度で全長25cm以上のプラスドライバーでも可）

THIS IS IT

MAKEOVER KITCHEN
サブウェイタイルを キッチンの壁面に貼る／ キャベツボックス風で ビターな木箱を作る

Rumi's TASTE

---

4 STEPS TO MAKE

サブウェイタイルをキッチンの壁面に貼る

01 貼りたい箇所を、サブウェイタイルの購入前に計測しておく。迷いがある場合には、やや多めに購入を。

02 貼りたい箇所の寸法に合わせ、まずはタイルを並べてみる。その際、目地が縦に並ばないよう、偶数列か奇数列の端は小さいほうのサイズから始めるようにする。

03 裏紙をはがし、角からタイルを貼っていく。『D.I.Y.TILE』のシリーズは通常、貼ってはがせる弱粘着のタイプも多いが、サブウェイタイルははがせないので注意を。

04 CHECK 2列目は、目地が縦に並ばないよう、BE-300とBE-300-Hが、各列で交互になるように、貼っていく。

材料
『D.I.Y.TILE』のベント：サブウェイタイル【アッシュグレー】白目地のBE-300とBE-300-H

MATERIALS

サブウェイタイルとキャベツボックス風の木箱をDIY
ビターテイストを添えたキッチン

「キッチンは、掃除のしやすさが、私にとっていちばん大事」と断言するRumiさん。一時期は壁紙を貼っていたものの、掃除の手間がかかり、しかもはがれてきたと言います。

そこで今回、人気のある『D.I.Y.TILE』のベント：サブウェイタイル【アッシュグレー】白目地のBE-300とBE-300-Hの2サイズで壁面をリメイク。「黒カビなどが発生しないために清潔感があって、タイル部分も目地部分も拭くだけという手入れのしやすさ。しかも、DIY初心者にもおすすめできる貼るだけという簡単さで、ワクワクしかありません。楽しくて手がとまりませんでした。できあがりは本当にかわいくて気に入っています」。

ほかの箇所も、当初からありがちな吊り戸棚を外して、カウンターを購入し、シェルフをDIY。食品パッケージ、パスタなどの食材、透明の食器やグラスを、ディスプレイを兼ねて収納しています。また、キャベツボックス風の木箱も作りました。

キャベツボックス風でビターな木箱を作る

MATERIALS

材料
❶H450mm×W90mmの木板×4枚、❷H450mm×W37mmの木板×4枚、❸H450mm×W25mmの角材×2本、❹黒板シート、❺ブライワックス、❻クロス、❼ワイヤーネット、❽タッカー、❾手ノコ、❿カッター、⓫ハンマー

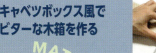

01 板の幅が短い面の分として、それぞれの板を2枚ずつ、H335mmの箇所に印をつける。角材はすべて同様に、H120mmの位置に、印を4本分つける。

02 印の位置で、手ノコを用いて切断する。使用には注意を。

03 角材にH335mmにカットした木板2種類を少しあけて並べる。それぞれの上下にハンマーで釘を打つ。

04 その端に合わせ、別のH450mm×W90mmの板を角材の位置に釘がくるようにして打ちつける。角材の使用で、割れにくくなる。

05 別のH450mm×W37mmの板も、同様に、角材の位置に釘がくるようにして打ちつける。

06 ブライワックスをクロスに取り、表面に塗りつける。これは保護やつや出しだけでなく、ヴィンテージ風に仕上げてくれる優れもの。

07 下側に、カッターで切った黒板シートを貼っていく。貼ってはがせるもの、はがせないもの、ブラック以外のものなど、さまざまなタイプが出まわっている。

08 ワイヤーネットをボックスの底に、タッカーでとめる。ネットがゆがんでこないよう、対角線上を目安に打つ。チョークアートを施す。

上方にはワインボックスを横に並べ、中央にはキャベツボックスをランダムに設置。天板がタイル張りのややカントリー調のカウンターの右端に、今回制作したキャベツボックス風の木箱も配した。

玄関に作るラブリコや
シェルフフレームの棚

今回、玄関を壁面からガラッとイメチェンしたMackeyさん。使用したのは、平安伸銅工業の、LABRICO（ラブリコ）とWeekend Workshopシェルフフレームです。右にはラブリコで原状回復可能な柱を立てました。ラブリコは2×4材の両端に取りつけて突っ張るアジャスターで、活用すれば壁や天井、フローリングを傷つけず、工具も使わずに柱を立てることができます。棚受や、2本の木材をつなげて1本の柱にするジョイントなどのパーツもそろっていて、さらに1×4材用や、屋外で使えるアイアンのパーツも発売されました。ハンドルをまわせばしっかりと固定されるので、Mackeyさんも「時間が経過して建具や構造がゆがんでも、調整できて、とっても便利です」と、お気に入りのDIYパーツです。左上のWeekend Workshopシェルフフレームも、付属のピンを使用することで石膏ボードの壁面に傷あとを目立たせることなく設置できます。1×4材や1×6材、パイン材の棚を簡単に作ることができ、自由自在なカスタマイズも可能です。DIYも新アイテムを使えば、初心者でもすぐに始めることができ、壁面から空間の印象をガラリと変えることができます。

MAKEOVER ENTRANCE
壁面にシェルフを設置する

Mackey's TASTE

MATERIALS

材料
❶LABRICO（ラブリコ）2×4アジャスター、❷Weekend WorkshopシェルフフレームWFK-44とWFK-56、❸2×4材、1×4材、❹1×6材、❺アイアンフック、❻ドリルドライバーかインパクトドライバー、❼ビス

壁面にシェルフを設置する

01 ラブリコを2×4材の両端に差しこみ、2×4材を立てて垂直を確認。ハンドルを上から見て時計まわりに回転させ、天井の強度に注意しながら柱を2本固定する。

02 2本の柱の手前に1×6材を渡し、左右各2カ所にビスを打つ。同様に下に1×6材を固定させていき、フラップドアやディスプレイスペースも自由に制作する。

03 Weekend Workshopシェルフフレームを、付属のピンを用い、ハンマーや硬貨などで壁面に固定させていく。木の壁にはビス、石膏ボードにはピンで固定可能。

04 1×4材を渡し、裏側から付属のパーツとネジで固定する。両端から木材が出る程度の長さがあれば落ちにくいが、固定したほうが安全。アイアンフックも設置する。

MAKEOVER KITCHEN
サブウェイタイルを3色用いて壁面に貼る
chica's TASTE

THIS IS IT

本物の焼き物タイルがシートになっていてブルックリンにあるカフェのように空間が洗練される。屋外や火気のすぐ近くでは使用できないので、注意する。

ブルックリンカフェの厨房に変わるタイルの3色使い

ポイントは、IHの正面に貼った、3色のサブウェイタイルです。「サブウェイタイル」とは、ニューヨークの地下鉄で使用されている長方形のタイル。通常、タイルを貼るには、目地を埋めるための目地材を塗らなければなりません。でも、ベント:サブウェイタイルは目地つきのタイルシールなので、裏紙をはがすだけで、クロスの上から美しく貼ることができます。カラーバリエーションは7色。その中からchicaさんは、アッシュグレー、チャコールグレー、アイスホワイトを選びました。さらに、塩化ビニール樹脂の目地は黒目地と白目地が選べるので、ビターテイストを高める黒目地をチョイス。左右半ピースのセットもあるため、美しく仕上がります。

「キッチンの、シンクやIHクッキングヒーター下の棚の扉にも木目の壁紙を、正面にはサブウェイタイル風の壁紙を貼っています。戸棚の木目やブラックも壁紙です」とchicaさん。カウンターの上にはシェルフを設置し、シンクの正面や背面の作業台にはタイルシートを貼りつけ。サブウェイタイル風の壁紙の箇所にはさらに、ブルックリン界隈のバスロールサイン、ウォールステッカー、窓枠、フェイクグリーン、フレームなどをディスプレイしています。

材料
『D.I.Y.TILE』のベント:サブウェイタイル ❶【アッシュグレー】黒目地のBE-300とBE-300-H、❷【チャコールグレー】黒目地のBE-400とBE-400-H、❸【アイスホワイト】黒目地のBE-200とBE-200-H

5 STEPS TO MAKE
サブウェイタイルを3色用いて壁面に貼る

01 タイルシートは、目地のある辺とない辺があり、縦方向・横方向につなげて貼ることができる。シールになっているので、裏面のはくりシートをはがす。

02 目地あり部分がL字になる向きで、【アッシュグレー】を貼る。下から2列目以降もL字の目地に方向を合わせ、先に貼ったシートに押しあてて貼る。

03 下から1列目の最初、2列目の最後などに半ピースを用い、3列目に【アイスホワイト】を貼っていく。この最後にも半ピースを用い、並びを交互にする。

04 下から4列目に【チャコールグレー】を貼っていく。この列は左端に半ピースがくるようにする。下方の列にしっかりと押しあてて貼るようにすると美しい。

05 再び【アッシュグレー】を上まで貼っていく。半ピースは右端・左端と交互にくるようにし、ラインがそろわないようにする。左手前がそろうと美しい。

Column 2

PAINTの世界

最近では、100円ショップの塗料でも優秀なアイテムが登場してきました。そのため、初心者の方は、まずそれを試してみてもいいかもしれません。

ただし、やはりいい塗料は塗りやすさがまったく異なります。のびも発色もよく、不器用さんでもイメージどおりに仕上がりやすいのです。

また、ナチュラル素材のものも多く販売されるようになりました。当初は輸入のものが多かったのですが、国内メーカーさんも開発に力を入れ、いい塗料を多く入手できるように。しかも、デザイン性の高いすてきなパッケージのものも増えました。さらに、黒板塗料、アイアン風の塗装ができる塗料、光沢のある塗料など、遊び心のある便利な塗料が発売されたおかげで、それまで工夫して出していた素材感、特別な用途のための塗装が、塗料1つで実現できるようにもなってきています。

たとえば、この写真のchikoさん愛用でおすすめの塗料を紹介します。

1. オスモカラー

植物油(ひまわり油・大豆油・あざみ油)と植物性ワックスからできた、ドイツ生まれの自然塗料。内部に浸透することにより、「木の呼吸」「木の調節機能」を妨げないため、空間の心地よさを保つ。化学物質を含まず、食品と同レベルの高い安全性を誇る。特に、ウッドワックスは、木目を生かしてくれる。

2. オールドビレッジ

一世を風靡し、女子DIYブームの火つけ役の1つとなった、アメリカ生まれの塗料。バターミルクペイントは開拓時代の色を再現した水性の自然塗料で、マットで美しい仕上がりになる。ホワイトウォッシュは水性で漆喰調。ウッドステインやアンティークリキッドは油性で、ビターテイストの仕上がりにも役立つ。

3. ターナー

国内メーカーながら、1946年の創業以来、Jカラーを含む多彩なラインナップを揃える絵具の総合メーカー。アンティークワックスはミツロウが主原料。アイアンペイントは水性でアイアン調。ミルクペイント フォー ウォール(室内壁用)は、ミルクカゼインを使用し、近年人気。プラスターメディウムは漆喰調。

4. グラフィティーペイント

バターミルクペイントを扱っている国内メーカーVIVID VANが開発した、シーラーレス、2度塗りで仕上げる極上の水性塗料。乾燥も早い。ウォール&アザーズは吸着性と伸びがあり、屋内外で使用可能。環境・人体に配慮したVOCフリーで、「F★★★★(エフフォースター)」取得。フロアはツヤのある仕上がりに。

chikoさんの
wagon worksサイト
https://peraichi.com/landing_pages/view/wagon5

ビターテイストを作る色や素材

手軽にビターテイストにするなら色や素材を選ぶのが近道。
DIYerさんの部屋から紹介します。

Part 3

GRAY
yupinoko's TASTE
at Utility Room

グレーと合わせるなら
ホワイトやベージュでなく
天然素材でビター度アップ

「モノトーンは好みでなく、グレーなどの濁りのある色が好き」と語るyupinokoさん。「水まわりには濃いグレーと薄いグレーを用いてメリハリを出し、双方の色合いを引き立て合うようにしています」と言います。「好きな色の同系色を選び、コーディネートしていくと、『色の奇跡』が起きるはず」とのこと。色でなくても、素材や特定のものにこだわり、それに合うかどうかを考えていけば、センスは自然と高まるのではないかとも説明してくれました。

そして、「この空間は、グレーにナチュラルを組み合わせていますが、私にとってのナチュラルとは、天然素材のこと。でも、ここにホワイトやベージュではかわいすぎるし、ナチュラルすぎるので、グレーが重要だったんです。それでもウッドは、濃すぎない色に絞りこみました」と、計画・施工当時を振り返って語ります。

「グレーは単色でもきまる優秀な色ですが、我が家の場合、キッチンには青みがかったグレー、リビングには黄みがかったグレーを選んでいます」。色味と色合わせで、ビターに仕上がります。

もともと、ナチュラルを意識して床面は大理石風にしていた。そこで、壁紙のグレーもナチュラルと愛称のいい黄みがかったグレーにこだわって選んだそう。また、「使うものをディスプレイすれば、ほこりもたまりにくい」とのこと。

左／水まわりの窓辺にもブラックにペイントした木枠を施している。ペンダントライトもブラックを選び、グレーとベージュからなるサニタリーをポイント的に引き締めた。そこにソフトなベージュを配しても、シックにまとまる。
右／造りつけを外して設置した足場板の収納型ミラーも、yupinokoさんのネットショップ『Y.P.K. WORKS』で人気のホワイト・ウッド（SPF材）作品「ヘキサゴンシェルフ」も、見栄えだけでなく収納としても活躍している。

BLACKBOARD & WOOD

chiko's TASTE

at Corridor & Washroom

生糊つき壁紙Harelu（ハレル）のVintage wine boxを、ドアに貼っている。ヴィンテージテイストがピター。壁面もペイントし、ステンシルなどを施した。

階段を上がった正面の下方には、シェルフを設置。そこにネイビーブルーにペイントしてステンシルを施したボックスを配し、格好いい収納スペースに。

黒板風やワインボックスの壁面に
ウッドを合わせれば
限られた空間もぐっとビターに

　限られたスペースこそ、差がつきます。chikoさんは、塗料や壁紙使いと、エイジング加工を施したウッド使いで、小さなスペースもビターな空間に仕上げているのです。

　2階にある洗面台周辺は、シーズンごとにスタイリングを変えているコーナー。現在は、正面にネットの扉をつけたウッドボックスを取りつけ、中に洗面用具を収納。上方には、ラティス風にウッドを組み、手前にフェイクグリーンのコウモリランLを飾っています。その手前にある2階の廊下も、ドアにVintage wine boxデザインの壁紙などを貼り、壁面もミントブルーにペイントしました。そこに、ステンシルやレタリングをプラス。正面の壁面下方にはシェルフを設置して、そこも塗装してステンシルを施しています。

　トイレは、現在では塗料に石灰を混ぜ、壁面をコンクリート風にペイント。下方には、板壁も制作しました。また、チョークボード用の壁紙も貼っています。

　黒板風の塗料や壁紙のマットブラック。そこにウッドを合わせるとビター。さらに、チョークやステンシルでホワイトを添えると、カジュアル感が高まります。

トイレの壁面にもラックを設置し、ビターな作品などをさりげなく配している。スタイリッシュな飾り方のお手本。

トイレの壁面にも大胆なチョークアートを施している。

DENIM & LEATHER

gami & Nego's TASTE

at Living-Dining Room

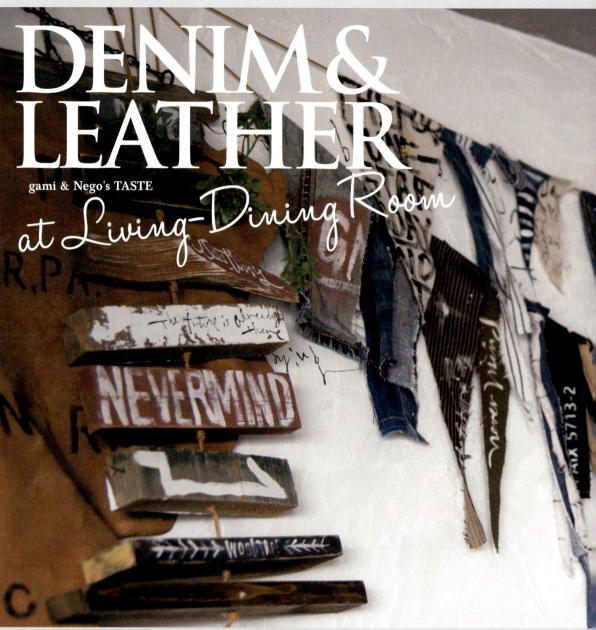

デニムのガーランドの脇に、レザーをマップのように大きく使用した、gamiさんのコーナー。手前にはペイントした端材をつなげ、フェイクグリーンを添えた作品を吊り下げた。デニム、レザー、ウッド、グリーンは相性抜群。

gamiさんのダイニングの壁面は、漆喰塗りのDIYがベースになっている。このコーナーには、ウッドのプレートを設置し、そこにフックをつけて、デニムの端布と流木で作った作品をディスプレイ。脇に、手描きでアルファベットも添えた。

デニムをランダムにカットし
Tシャツの端布やレザーと飾った
マニッシュ感の高いコーナー

「デニムと革は素材として格好よく、モノトーンもやわらげてくれるので大好き」というgamiさん。リビング・ダイニングには、たっぷりのガーランドをディスプレイしています。「子どものお気に入りだったけれども着られなくなった服のかわいい箇所を活用してリメイク。飾ることで思い出として残しつつ、雰囲気のある空間を作ることができます」。革紐やジーンズをランダムに切り、そこに文字を描いたり、タイポグラフィを生かす。Tシャツは裂いて紐状にします。「これらの上部に手芸紐をあて、クリップでとめる。水性塗料や端布で控えめにアクセントを加え、飾る。バランスを見て配置を確定したら、手芸用接着剤で布を貼りつけて、できあがり」。

gamiさんは、「目分量で制作し、飾っては離れて見る。写真も撮ってみる。家具や壁の大きさとのバランスも確認。それを幾度も繰り返し、整えます。DIYはすべて日々、生活しながら調整していくもの。また、ガーランドは、大きければインパクトが出るし、狭い壁面をガーランドで埋め尽くすのも、すてきだと思いますよ」と教えてくれました。

Negoさんも、gamiさんに習って、デニムのガーランドを壁面に飾っています。

gamiさんのリビング・ダイニングの壁面。子どもたちとの思い出がいっぱい詰まったデニム。それを三角形に切り抜いたり、手で細かく裂いたりして、ガーランドに。ヒッコリーストライプやポケットも生かし、ホワイト、ブラック、レッドでアクセントを加えている。

Negoさんも、デニムのガーランドでデコ。周囲にフラッグガーランドやグリーンを加え、カジュアルに仕上げている。上方にはウッドでボックスを組み、黒板塗料でペイントし、黒板アートを施した。ウンベラータは躍動感があり、人気の観葉植物。

ベニヤ板でシンク扉もブラックに
シェルフにアイアンやアルミもプラス

　Negoさんが2003年、空間として最初にリメイクを始めたのが、キッチン。「場所としてのキッチンが好きでも渋いブラウンのシンク扉が嫌いで、ベニヤ板に細い木枠をつけ、当初はホワイトに塗っていました」。その後、インテリアに応じて塗り替え、現在では黒にペイントした上から白のステンシルを施し、レンジフードやサッシも黒く塗っています。食器棚は扉を閉めると隠れるため、雑然となりやすいので、正面にウッドシェルフをDIY。「散らかる箇所をこまめにメモし、食器や調理器具の収納場所の微調整を重ねたら、定位置が決まり、皿なども飾るようにしてしまうようになります」。このシェルフにはインダストリアルな小物を活用。「通常、黒、グレー、茶でバランスを取るようにしていて、キッチンは黒、茶でまとめました」と言います。

BLACK
Nego's TASTE
at Kitchen

左／古道具店で入手したアルミの計量カップは、使用はしておらず、ディスプレイ。中央／アイアンの鍋敷きと栓抜きは、雑貨店にて購入。アイアンがナチュラルともビターとも好相性。右／シェルフはもちろん、ウッドのプレートやバスケットともなじむアイアンバー。

窓辺にボトルやグリーンを飾れば、ブラックとインダストリアルのビターなキッチンも、さわやかな印象をキープできる。水かえが苦手な人は、フェイクグリーンでOK。下の黒いボードは、DIY仲間のMilyさんの作品。

ペイントやアイテムで
センスUP

空間をビターにしてくれる便利なアイテムが続々登場中。
初心者でも気軽に使用できます。

Part 4

インダストリアル・アイテム

shakitro, SWARO, yupinoko & mayukamu's TASTE
at Entrance, Kitchen & Living Room

無骨なヴィンテージテイストになるメタル素材の活用

　ビターテイストの中でも人気の高い「インダストリアル」。これは、「工業の」などの意味があります。シンプルで無骨なヴィンテージスタイルと機能性とを両立した空間の雰囲気を指した言葉として、広く用いられるようになりました。本書では、原義に近い、金属などをインテリアに取り入れることを含めた提案として、この言葉を用いています。メタルは重みがあり、また壁面などに設置する際の難易度も高くなりがちですが、部分的に用いるだけでぐっとビターテイストに近づけてくれます。

　右の写真のように、shakitroさんは塩ビパイプのシェルフを壁面に打ちつけ、板材を渡しています。そこに、フレーム、星形やアルファベット形、フェイクグリーンなどをディスプレイ。下段にはアイアンバーも取りつけ、鍵などの収納にも活用しています。

　SWAROさん、yupinokoさん、mayukamuさんも、インダストリアル・アイテムを取り入れています。

SWAROさんは、キッチンに、ガス管と杉足場板を用いたウォールシェルフを設置。ガス管にフランジつきニップルを用い、壁面に打ちつけた。

左のyupinokoさんはガス管でキッチンに、上のmayukamuさんはアイアンでリビングに、シェルフを設置。インダストリアル・アイテムを多く使うほどビターテイストに仕上がる。

サブウェイタイル

shakitro, Rumi & chica's TASTE

at Utility Room

WhOのTEXTURESというデザイン壁紙は、プレーン、平織り、スタッコの3種類の素材感から選択可能。900mmのロール状で、1m単位で注文できる。指定1色につき近似の3色を分割表示したA4サンプルを送ってもらえるので、これを確認して購入するのがおすすめ。

大人気のサブウェイタイルで清潔感と「屋外感」をアップ

　shakitroさんも、ベント：サブウェイタイルを使っていて、洗面所には【ホワイト】黒目地を活用。サブウェイタイルはニューヨークの地下鉄で使用されている長方形のタイルで、目地がついているため、簡単に貼ることができます。水まわりにもぴったり。

　この洗面所とランドリーの床にはクッションフロアマットを敷いていて、水分をはじくので掃除も楽々。そして、上方に飾っている流木は、両面テープでとめているだけです。洗面所の上方にはWhOの貼ってはがせるマテリアルのグレーを貼り、壁面に表情を加えています。また、鏡の縁には、グラフィティーペイントのシーラーとウォール&アザーズのBlack Lilyを塗り重ねた木材を貼りました。ドアはシーラーとホワイトの塗料と凹凸がつく塗料を重ね塗り。このドアとシンク扉には、Black Lilyでペイントした Graffito S.A.の発泡モールディングを活用し、モールディングを形作っています。

上／Rumiさんのキッチン。【アッシュグレー】白目地で壁面をリメイク。中央・右上／shakitroさんの水まわり。【ホワイト】黒目地を使用。ホワイトをベースにブラックなどを差し色にしたコーナーにぴったり。下／chicaさんのキッチン。【アッシュグレー】【チャコールグレー】【アイスホワイト】の黒目地を使用。

サブウェイタイル柄の壁紙 at Dining Room

Rumi's TASTE

ダイニングもカフェ空間にする サブウェイタイル柄の壁紙

キッチンのカウンターの先にあるRumiさんのダイニングルーム。ダイニングと、そこからキッチンに目を移した際の眺めが、「カフェコーナー」になることを意識したと言います。コーヒーやお茶の時間を愛するRumiさんならではの発想で、「お客さんにカフェにいるようにくつろいでほしいし、自分も落ち着ける空間にするため、生活感を消しました」とのことでした。

特に、壁面に使用したサブウェイタイル柄の壁紙は印象的で、Rumiさんの家中で現在、活用されています。これが、ブルックリンにあるカフェのような雰囲気を高めているのです。また、ロイヤルのチャンネルサポートを使用したシェルフもポイント。これは、「ビスでとめてガチャガチャとはめるだけで棚が作れ、アレンジの幅が広いので、おすすめ」と説明してくれました。

サブウェイタイル風の壁紙にもいろいろあるが、白いタイルでも黒目地が明確だと、屋外のような雰囲気が高まり、ビターに。

壁紙で屋外やカフェのように 楽しくなった子どもの勉強空間

　リビングの片隅に確保されている、鈴斗くんと陽斗くんの勉強空間は、2人が成長しても交流しやすいように設けられたコーナー。こちらにもサブウェイタイル柄の壁紙を貼ることで、センスよく楽しい空間に仕上がっています。また、2人が並んでゆったりと勉強できるように、デスクは広い横幅いっぱいに使用できるようにしました。さらに、向かって左側のクローゼットの扉は外し、オープンな書棚スペースにしています。

　ベニヤ板に黒板シートを貼ってアルファベットを書いたり、モシャモシャモスやねじねじ枝ロングなどのフェイクグリーンを上方に配したり、ポスターなどに比べてシンプルでもインパクトのあるsangsanghoo（サンサンフー）の大きなウォールステッカーを貼ったり……。さまざまなディスプレイで、ビター度を高めています。

サブウェイタイルの壁紙は立体感のあるデザインを選ぶと、格好いい。オープン／クローズ・デジタルのステッカーでよりカフェ風に。

at Study Room

この壁紙は、国産で、厚みのあるアイテム。洗面所はホワイトを基調にしているので、水栓まわりにブラックをプラスすることでアクセントにしている。

at Utility Room

TILE WALLPAPER

Rumi's TASTE

サブウェイタイル柄の壁紙を背景に収納とアクセントをプラス

「ここには洗濯機や浴室などが集まっています。水まわりなので、掃除がしやすく、雰囲気としても清潔感あふれる空間にしたかった。しかも、日当たりはよくなくても、明るい場所にしたかったのです。だから、ホワイトを基調にコーディネートしました」とRumiさん。ここにもサブウェイタイル柄の壁紙を活用しています。また、タイルで屋外のような雰囲気が演出できるので、それに合わせ、あえてライトのシェードを外し、アンティーク風の雰囲気もプラス。さらに、右の壁面には板壁を設置し、そこと洗面台下にシェルフを作ることで、収納のスペースも確保しました。木目が出るように、薄めたホワイトで塗っています。

手前のシェルフは、LABRICO（ラブリコ）で2本の柱を立て、その間に板を渡したものです。

PAINT at Corridor
gami's TASTE

ドアや床にもペイントを施したら
廊下もカフェの併設ギャラリーに

廊下の床は、2016年頃にペイント。グラフィティーペイントのフロアプライマーを下塗りした後、同シリーズのフロアのRolling Stoneを塗りました。リビングの床も同色。赤いドアは同シリーズのウォール＆アザーズのBear Familyでペイントし、仲よしのDIY仲間Milyさんのプレートの作品を取りつけました。青いトイレのドアはTurquoise BluesとDolphin Dreamを混ぜて塗り、Cacao Beanで縁をつけています。壁面には漆喰を塗り、やはりカラーのペイントや手描き文字も使用しています。そこに、鉢植えについているプラスチックの受け皿を、時計にアレンジ。この時計は、100円ショップで入手可能な材料で仕上げています。そこにフェイクグリーンやボトルをあしらいました。

床は、グラフィティーペイントのフロアプライマーを下塗りし、同シリーズのフロア用塗料をペイント。ステンシルや手描きで文字を描きこんでおくと楽しい。

上／グラフィティーペイントのウォール＆アザーズTurquoise BluesとDolphin Dreamを混ぜて塗り、Cacao Beanで縁取ったトイレのドア。
右／gamiさんはグラフィティーペイントのウォール＆アザーズBear Familyがお気に入り塗料の1つで、「鉄橋レッド」と呼ぶ。ドアにはMilyさん作のプレートも設置。

グリーン & ドライフラワー
Rumi, gami & mayukamu's TASTE
at Entrance & Living Room

フェイクグリーンとともに、果実のリースのドライフラワーや流木も飾ったgamiさんの玄関。

グリーンとドライフラワーで雰囲気のあるビターを演出

インテリアにグリーンを加えるほど、その空間には開放感やナチュラルな雰囲気、心地よさがもたらされます。高所や濡らしたくないものの脇といった水やりがしづらい箇所には、雑貨感覚で飾れるフェイクグリーンがおすすめです。いっぽう、ドライフラワーは、人気のヴィンテージやアンティーク調を高め、独特の雰囲気を空間にもたらしてくれます。このグリーンとドライフラワーをミックスすることで、新たなディスプレイが生まれるのです。Rumiさんは、ドライフラワーとフェイクグリーンを組み合わせた台湾のカフェの写真を目にし、それを玄関で実現したと言います。

gamiさんも玄関ではフェイクグリーンをボトルに差したり吊したりして、果実のリースのドライフラワーや流木も合わせて飾っています。mayukamuさんは、玄関の壁面に、ウッドのフレームに合わせてフェイクグリーンやドライフラワーを配置し、季節の帽子をかけるスペースを作りました。

フェイクグリーンやドライフラワーを配し、季節の帽子をかけるスペースを設けたmayukamuさんの玄関。グリーンは上向きに、ドライフラワーは下向きに飾った。

ビターテイストの
部屋作り
POINT

DIYerさん、クリエイターさんが異口同音に
伝えてくれた、ビターテイストのポイントです。

Part 5

POINT 01　壁面を屋外風に

　たとえばカフェに行ったり、海外ドラマを見ていたりすると、壁面が個性的であることに気づきます。国内のハウスメーカーは現代では白い壁の家が一般的です。それは、明るく広く見せる効果はあるものの、どうしても平凡になりがちです。

　そこで、初心者の方には、現在、多種が出まわっている壁紙の使用がおすすめです。貼ってはがせるものも多くあり、賃貸の原状回復も可能。ただし、まずは目立たない場所で試しに使用してみてください。また、100円ショップでも壁紙が販売されているので、まずは小さなコーナーから手がけてみてもいいでしょう。ビターテイストを目指すなら、サブウェイタイル、レンガ、板壁などの柄がおすすめです。自信がついてきたら、ペイントしてみましょう。これも、貼ってはがせる下地があります。写真のgamiさんのリビングのように、色を混ぜて漆喰を塗ったり、上からエイジング加工を施して、イラストや文字も描くと、ぐっとビターに仕上がります。屋外風の仕上げを目指してください。

POINT 02　床面をヴィンテージ調に

　床面も、通常は、白っぽくてぴかぴかした住宅が多いかもしれません。これは掃除がしやすいのですが、雰囲気を壊しがちです。そこで、フローリングや畳の上に敷くことができるフロアーマットなどが販売されているので、これを使用してみましょう。

　左のNegoさんの家の子ども部屋は、女の子ながら、ビター。床には、パーケット柄のクッションシートを敷き詰めています。これは、昔のヨーロッパのテーラー（仕立て屋）やバーバー（散髪屋）の使いこまれた床の重厚感、アンティーク感を再現したもの。このパーケット柄のクッションシートをはじめ、女性でも扱いやすく、調整しやすい幅やサイズのものが出まわるようになりました。yupinokoさんも、右のように、古材風のフロアボードを敷き詰めることに挑戦しています。

　左のNegoさんの家もそうですが、床面を変え、壁面もネイビーブルーとモノトーンのレンガ柄壁紙にしたら、ビターテイストが高まりますね。ヴィンテージ調の仕上げを目指しましょう。

ビターテイストの部屋作り POINT

POINT 03　窓枠をウッドに

　国内の、アルミサッシや樹脂サッシも、ビターテイストの邪魔をする存在かもしれません。

　そこで、ウッドの窓枠を内側から設置しているのが、左のchikoさんや右のyupinokoさんです。

　2人はDIYのレベルも高く、空間の雰囲気に合わせて色を選んだりDIYを施したりしています。

　ただし、開け閉めするような窓に対して初心者が真似をするのは、なかなかハード。コツは、枠を大きくして、窓の開け閉めをしやすいようにすること。また、小さめの窓であれば、100円ショップのフレームなども活用できます。もしくは、磨りガラス風のシートを用いて窓に貼れば、そちらに目が行きやすくなるでしょう。

　慣れてきたら、加工はもちろん、上や左右に屋根や扉を設けたり、一部を別で開け閉めできるようにするなど、さまざまなアイディアを形にしてみてください。窓を購入し直す必要は、まったくありません。

POINT 04　シェルフをDIY ＆ ソファはこだわって選択

　土台のDIYが済んだら、大きな家具について考えましょう。

　予算に余裕があれば、こだわりの家具を購入するのは、ビターテイストの貢献になる選択です。特に、ソファは大きい家具であり、しかも座り心地によって空間の過ごしやすさが変わってきます。また、ヴィンテージの大きなシェルフがあったら、それだけで雰囲気がガラッと変化するのです。カリフォルニア、北欧、ミッドセンチュリー、アジアン、アーバン、レトロモダン、カフェ風など、ビターテイストの方向性に合わせた家具選びをすれば、統一感が高まります。

　上質なものは空間の雰囲気を演出してくれますが、家具を追求しだしたらなかなか大変。でも、DIYなら、空間や使用用途に合わせ、自由自在に家具を制作できます。Part 6も参考に小さなボックスやラックの制作、リメイクから慣らしていきましょう。基本が身についたら、あとは応用とアイディアです。写真のmayukamuさんのリビングでは、黒板塗料でペイント。アイアンラックにアンティーク塗装を施した古材を渡してシェルフを設置しています。

POINT 05　チープでない素材を選択

　ビターテイストな空間作りに、プラスチックなどの合成樹脂を使用するとしたら、難易度がやや高くなります。基本的には、自然素材とアイアンを想定しておくとよいでしょう。自然素材は、ウッドはもちろん、ファブリックならリネンやコットン。バスケットはウィローやジュート、ストローだけでなく、ラタンやウッドチップ、もちろんヤマブドウもすてきですね。食器もプラスチックよりも陶磁器やウッド、ガラスや金属ならやはり質感にこだわりたいものです。

　ウッドの質感や木目を強調するため、カラフルにせず、ワックスやステインで着色したり、塗料を水で薄めるのも人気があります。また、塗装によって、素材感を一変させることも可能です。たとえば、たたくように塗料を重ねることで漆喰やサビの雰囲気を演出したり、クラック塗料や漆喰風塗料、バーナー、サンドペーパーで古材の雰囲気をアップしたりできます。そして、仕上げにおすすめなのが、グリーン、フェイクグリーン、ドライフラワー。写真のSWAROさんが大胆に使用している、流木も人気です。

POINT 06　ディスプレイ

　バランスと一口に言っても、これが難しいのですが、DIYerさんがよく口にするのが、「置きすぎない」「引き算」。実際に使用するものや、その人が愛するグッズがあふれる空間もすてきですが、ビターテイストにしたいなら難易度は高くなります。そこで、まずは不要なものを処分する。表に出すものはすべてディスプレイを兼ね、見せたくないものは隠す。ただし、整理整頓が苦手なら、最低限のものだけをもつようにして、むしろできるだけ表に出す。まずは1角から始めてもOK。もらったプレゼントを飾るところから始めて、周囲に広げていってもいいでしょう。あとは、何度も眺め、写真を撮り、調整していきます。

　コツは、メインを決めること。相性を考えること。テーマやテーマカラーを決めること。写真のRumiさんは、立体感とメリハリのあるディスプレイがとても上手です。どこから見るのか、正面か、180度からなのか、考えてみましょう。好きなDIYerさん、クリエイターさんの真似から始めてみてください。

はじめてのDIYでも作れるビターなウォールラック

ここでは、DIYの基本とRumiさんのテクニックを紹介します。
カット・塗装・組み立て・加工というDIYの基本テクニックをご説明。
最後には、Rumiさんオリジナルのウォールラックができあがります。

Part 6

カット

木材の切り出しは、購入時にホームセンターで、また加工サービスなども利用できます。自分でおこなうときは、手ノコ（手ノコギリ）、卓上丸ノコ、電気丸ノコ、ジグソー、大型のスライド丸ノコなどを用いて切断します。まずは、手ノコを使ってみましょう。

準備するもの：H84mm×W450mm×t9mmに切り出す板材2枚、H84mm×W300mm×t9mmに切り出す板材2枚、鉛筆など、定規、クランプ、手ノコ

01 鉛筆などと定規を用い、切りたい箇所にラインを引く。これをガイドラインとして切る。

まずは切りこみを入れてから

02 安定した台の上に高さのある土台を置き、その上に木材をのせる。クランプ（まんりき）があれば、それで固定を。柄を持ち、やや刃を立て気味にして、力を入れすぎない程度に細かく手ノコで木材を挽きながら、切りこみを入れる。

切っていくときは刃を寝かせて

03 木材の表面から45°程度持ち上げた角度を保つところまで刃をおろしてから、木材を切断していく。刃の全体を用い、その重みを活用するようにしながら、引くときにやや力を入れて繰り返す。

BITTER TECHNIQUES
カットで知っておきたいこと

なめらかにする

サンドペーパーは、木材の表面をなめらかにしたり、角・端・へりなどを研磨するときに使う。サンドペーパーの裏面などに目の粗さ・細かさを示す「番手」が記されている。ホルダーがあれば研磨しやすい。ホルダーにサンドペーパーを取りつけて使用する。

電動工具を用いる

写真のSWAROさんは、流木を切る際の最初に電気丸ノコを使用している。電気丸ノコは木材の直線切りに用いられる。丸ノコ自体を動かさなければならないが、DIYに慣れてきたら使用すると便利な電動工具もいろいろある。

はじめてのDIYでも作れる
ビターなウォールラック

塗装

高さのあるものなら、高所から低所へ。力を抜いて、リラックスして塗りましょう。
アンティーク風、ヴィンテージ風に見せるエイジング加工も、塗装がポイント。
たたくように塗ったり、ウエスやスポンジ、専用塗料を用いたりして、古材風に仕上げます。

準備するもの：塗料、刷毛

01 まず、塗装面のゴミなどを除去。乾いた刷毛の先のほうに塗料を取り、木目に沿って一方向に塗っていく。むらなく均等になるよう、全体にも目を配る。

ついつい塗料を使いきりたいと、たっぷり取って、べたっとのせるのは、むらが出やすくなるのでNG。最初は薄く塗り、幾度か塗り重ねるのがおすすめ。その塗料に慣れてきたら、仕上がりイメージに合わせた塗料の分量もわかってくる。

02 全体をくまなく塗る。色をより鮮明にしたいときや、淡い色の塗料を用いて地の色が見えすぎるときには、乾かしてから重ね塗りをするとよい。ペイントは慣れればどんどん上手に、そして早くなる。

BITTER TECHNIQUES
Rumiさんのビターなワザ

01 ブラックの塗料を墨汁よりも淡くなる程度まで薄め、黒く見える木目の箇所をなぞる。少量のワックスのみでやってみてもよい。

02 ウエスやタオルで全体に伸ばす。乾くと、自然な古材風に仕上がる。ほかにもエイジング加工のテクニックはさまざま。本書の随所で紹介しているので、ご参考に。

組み立て

ビス打ち（ネジどめ）には、ドリルドライバーやインパクトドライバーが活躍。
これらに、サイズに応じたビットと呼ばれる部品を取りつけて使用します。
Rumiさんのウォールラックができあがるので、ぜひ真似してみてください。

準備するもの：ビス、ドリルドライバーやインパクトドライバー、ビット

01
短い辺の長さ2/3の角材を用意。2本を長い辺のうちのどちらかに合わせ、上下にビスを打っていく。ビスの頭とビットの先を合わせる。電動ドライバーのスイッチを入れ、手で木材を押さえながら打つ。穴あけ用のビットで下穴をあけておくと木材が割れにくい。

02
同じものを2個作ったら、間に次の板を渡す。そして、角材に対して同様に、上下にビスを打っていく。この際にも、すべての板が垂直になり、さらにビスが木材に対して垂直になっているかに注意。ビスの頭がやや沈む程度まで打ってもよい。

03
板材と板材とを組み合わせた内側のすべての角に、角材が配されることになる。板材から角材に向かってビスを打つことで、薄い板同士でも割れず、しっかりと組みあがる。

寸法を合わせて材料を用意しても、湿気などが原因のゆがみによって木材がはみ出すことがある。はみ出した箇所は、手ノコなどでカットしてはいけない。時間が経てば木材同士の形がなじんでくる。そこで、手でぐっと木材を押し、端を合わせて、板から角材に向かってビスを打っておく。

04
最後までビスを打ち、四角に組み立てる。ドライバーのパワーに負けないよう、しっかりと手で押さえて固定し、作業するのがポイント。けがには注意を。ちなみにインパクトドライバーのほうがパワーはあるが、初心者にはドリルドライバーのほうが使いやすい。

はじめてのDIYでも作れる
ビターなウォールラック

加工

加工にも、さまざまなテクニックがあります。
たとえば、ステンシルを使用して文字やイラストを描いたり、タッカーでとめたり……。
エイジング加工では、あえて傷をつけてラフ感、ジャンク感を演出することもあります。

準備するもの：鋼材アングル、ウエスやタオル、ブライワックス、ハンマー

01 鋼材アングルを用意する。鋼材とは、機械材料などに利用できるように加工された鋼鉄のこと。アングルは収納ラックなどを制作する際に使用されるアイテムで、業務用のものやカラフルなものなどがある。これに、ウエスやタオルでブライワックスを塗りつける。

02 角材が届かず、3分の1の隙間をあけた側に、鋼材アングルをネジどめしていく。鋼材アングルには、もともと小さな穴があいており、そこにネジをとめる。無骨でインダストリアルな全体像とネジの様子が、ビターテイストを高める。

03 仕上げに、木材の端をハンマーで軽くたたいていく。ダメージ加工も、ジャンクでビターなテイストに貢献してくれる。

虫ピンを左右に打ち、ウォールラックとして設置。Rumiさんは、シマウマの置物やフェイクグリーン、コーヒーグッズを並べ、ウッドのアルファベットを添えている。周辺にも雑貨やグリーン、ドライフラワーを配せば、すてきなディスプレイコーナーができあがる。

DIY作品&インテリア作り
Q&A

よく聞かれるDIYやインテリアに関する質問に答えました。
監修:Rumiさん

Q1 いろいろな塗料がありますが、メタルプライマー、ワックス、ステインとは何ですか?

A1. メタルプライマーは金属製品に下塗りすれば、上からペイントする着色塗料の付着がよくなるもの。ワックスは、ツヤや色をもたらし、メンテナンスに活用できます。いっぽう、ステインも着色に使用可能ですが、コーティング効果はありません。

Q3 卓上丸ノコは、どのように使うのですか?

A3. ベース部と丸ノコが連結された電動工具が卓上丸ノコです。材料をガイドつきのテーブルに固定し、アーム(ハンドル)を押し下げることで、木材を切断します。正確な角度で切断でき、長めの材料を切るときにも重宝します。価格も手ごろです。

Q4 ビスを打つときのポイントはありますか?

A4. 木材とビスを垂直にするのが基本。軽く力を入れ、押さえるようにして打ちます。下穴をあけておけば、木材を破損させません。できるだけ間隔を均等にすると、美しく仕上がります。ただし、端と端、間があくならそこにと最低限にし、多く打ちすぎないように。また、あまり端に打つと木材が割れやすくなるので、避けてください。

Q6 仕上がりがグラグラするのですが……。

A6. 仕上がりが不安定な場合、ビスを足したり、抜いて打ち直したりして調整しましょう。ただし、時間が経てば、なじんで安定してくる場合もあります。ちなみに、取りつけ物の厚さ+20mm以上を目安に、ビスの長さを決めるといいでしょう。また、あらかじめ木材をクランプで固定しておいたり、サンダーなどで削ると、ゆがみはなくなります。

Q2 刷毛は、どのように選び、どう管理すればいいですか?

A2. 持ち手の部分が木製のものがおすすめ。毛の硬さは好みで、幅は数種類用意しておくと便利です。使用後は、水につけ、塗料を落とします。

Q5 無垢材とは何ですか?

A5. 1本の原木から切り出された自然な状態の木材で、板には凹凸があるものがあり、それらを組み合わせて制作したりします。

Q7 センスがなく、うまくペイントできません!

A7. 慣れたDIYerさんやクリエイターさんも、塗り重ねたり、エイジング加工を施すことで、格好よく仕上げています。ペイントは何度でも重ねることでやり直しがきくので、好みの雰囲気になるまで、やってみましょう!!

SHOP / WEB LIST

STUDIO IN THE AFTERNOON
Wagon Works（DIYグッズ、HOW TO、ワークショップほか）
http://wagonworks.blog.jp/
Y.P.K. WORKS（DIYグッズ、ポスターほか）
https://ypkworks.com/
LiTTLE OWNER（ウォールステッカー）
https://minne.com/@hemuhemu1124
S.W.R-vintage alphabet-（DIYグッズ、ステッカー）
https://swarovintage.shop-pro.jp/
いなざうるす屋（フェイクグリーン）
http://www.kusakabegreen.com/
＊上記のお問い合わせはサイトのフォームから

VIVID VAN（塗料、発泡モールディングほか）
TEL 06-4304-0148　http://vividvan.co.jp　https://graff-a.com
藤垣窯業（サブウェイタイル）
TEL 0572-29-2000　https://diy-tile.com
平安伸銅工業（LABRICO, DRAW A LINE, Weekend Workshop）
TEL 06-6228-8986　http://www.heianshindo.co.jp
カモ井加工紙（マスキングテープ、mt CASA）
TEL 086-465-5800　https://www.kamoi-net.co.jp/
野原ホールディングス（壁紙ブランド〈WhO〉）
TEL 03-6328-0783　http://whohw.jp/

撮影

矢郷 桃　MOMO YAGO　［大橋宏明さんの撮影カット以外］
写真家。東京育ち。自然や食、農、暮らしまわりを中心に雑誌や書籍、広告など広く撮影を手がける。オーガニック＆サスティナブルな視点を大切にしている。DIY関連では、『THE OLD TOWNスタイルで楽しむ エイジング加工の家具と雑貨』伊波英吉（家の光協会）、『DIY+GREEN もっとおうちを好きになる』つるじょ＋みどりの雑貨屋（新建新聞社）など。ほかは『花のしつらい、暮らしの景色』平井かずみ（地球丸）など。季節の草花のカレンダーも毎年制作している。
momoyago.com

大橋 宏明　HIROAKI OHASHI
［p.10〜11／16右2カット／74〜82／99／110右上／111右上・左中と下］
フォトグラファー。外食産業メニューやポスター、料理、内観・外観などの撮影をする傍ら、DIY＆インテリア分野の書籍やカタログ、さまざまな商品の撮影をおこなう。趣味は、料理や食事、バイクほか。

ブックデザイン

鳥居 勇毅　YUKI TORII
有限会社 H.D.O. 所属。スポーツ関連のエディトリアルデザイン、写真集などのブックデザイン、商品のラベルやパッケージなどの印刷物全般のグラフィックデザインと、企業の商品サイトや個人のポートフォリオサイトなどWEBデザインに携わる。二児の父。家族とのゆるいキャンプや挽きたての珈琲にハマっている。

校正・DTP協力

ゼロメガ　ZERO MEGA
2001年設立、2010年改組。校正・校閲・編集・企画・執筆などの出版事業および、それに関する教育指導を手がける。また、インターネットをはじめとする情報推進ネットワークのコンテンツ、アプリケーションなどの情報通信ビジネスソリューションの企画・提供および情報システムの企画・開発・販売・運営・管理をおこなう。東京本社のほか、関西と東北に支社を持つ。「情報の品質」にこだわり、「情報制作の効率化」を実現。

企画／取材／執筆／編集

吉祥舎　KISSHOSHA
2001年、「なかの工房」の屋号で、デザイナーと編集プロダクションを設立。オルタナティヴの視点から、生活実用書を中心に、企画・取材・執筆・編集・撮影・デザイン・校正を手がける。広告やウェブ、イベントなどにも関わり、その後、「吉祥舎」に改名。DIYやインテリア関連としては、ムック『ほがらか』（ニューハウス出版）、『THE OLD TOWNスタイルで楽しむ エイジング加工の家具と雑貨』伊波英吉（家の光協会）、『DIY+GREEN もっとおうちを好きになる』つるじょ＋みどりの雑貨屋（新建新聞社）、私のカントリー別冊『簡単でカッコいい！ 壁面収納とインテリア』カムホーム編集部（主婦と生活社）など、庭造りや園芸、和食や薬膳などの料理、代替補完（ナチュラル）療法などに関する書籍制作のほか、映画評なども執筆。

EDITOR'S NOTE

本書では、人気があって私も大好きなDIYerさん、クリエイターさんたちの部屋をたくさん紹介しました。ながめるだけでもワクワクしたり、実際に生活空間を心地よくするきっかけになれば、うれしく思います。私もDIY初心者です。この本を手に取ってくださったみなさま、DIYerさん、クリエイターさん、スタッフのみんな、ナツメ出版企画の遠藤やよいさん、本当にありがとうございました（吉祥舎）。

（私〈右〉のなで肩をボトルで表現したgamiさん〈左〉と）

ビターテイストのDIY＆インテリア

2019年2月5日　初版発行

編著者　吉祥舎　©Kisshosha, 2019
発行者　田村正隆
発行所　株式会社ナツメ社
　　　　〒101-0051東京都千代田区神田神保町1-52　ナツメ社ビル1F
　　　　電話 03-3291-1257（代表）
　　　　FAX 03-3291-5761
　　　　振替 00130-1-58661
制　作　ナツメ出版企画株式会社
　　　　〒101-0051東京都千代田区神田神保町1-52　ナツメ社ビル3F
　　　　電話 03-3295-3921（代表）
印刷所　図書印刷株式会社

ISBN978-4-8163-6587-4
Printed in Japan

〈本書に関するお問い合わせは、上記、ナツメ出版企画株式会社までお願いいたします。〉
〈定価はカバーに表示してあります〉
〈落丁・乱丁本はお取り替えいたします〉

本書の一部または全部を著作権法で定められている範囲を超え、
ナツメ出版企画株式会社に無断で複写、複製、転載、データファイル化することを禁じます。